Apóstoles Globales

Iglesias Locales

Cómo Se Relacionaron Los Apóstoles Con Las Iglesias En La Era Del Nuevo Testamento Y Porqué Es Importante Ahora

B Mark Anderson

Quiero agradecer a Edgar Méndez por la traducción del texto al español.

También quiero agradecer a Adelmo Agostini por la edición del libro.

Dedicatoria

Se dedica este libro a los líderes de la iglesia local, a los plantadores de iglesias y a los apóstoles en el mundo que están diseminando la vibrante iglesia del Señor Jesucristo.

Además este libro está dedicado a mi esposa Kari y a nuestros siete hijos: Andrew, Ethan y a su esposa, Bethany, Anna, Samuel, Matthew, John y Sarah.

Comentarios

Doy gracias a Dios por el hno. Mark Anderson por la iluminación que Dios le puso, al encender la antorcha que por un breve tiempo había estado apagada sobre los plantadores de iglesias locales e internacionales. Que llevan por título Apóstoles, hombres de Dios llenos de amor y dotados de poderes sobrenaturales que solamente el Espíritu Santo puede delegar, mas debido a la situación global que estamos experimentando han hecho lo que Elías hizo (1 Reyes 19:3-18). Donde Jehová Dios le habló, de esa misma forma Dios dotará a Sus apóstoles, para que sigan siendo mentores de nuevos líderes. La iglesia de Cristo permanecerá orando por ellos.
Pastora Carmen C. Santana
Iglesia El Sinaí
Muscatine, Iowa

Este libro es como un viento fresco que sopla en un tiempo en el que la iglesia tiene confusión acerca de la naturaleza y funcionamiento del ministerio apostólico. Mark Anderson ha hecho un recorrido magistral por las iglesias del Nuevo Testamento y la manera en la que se relacionaban con el ministerio apostólico. Sin duda, la mejor manera de ilustrar la relación del apóstol con las iglesias es la figura padre-hijos. Esta es una relación de amor y de respeto. Las iglesias no son perfectas y los apóstoles no son perfectos, pero cuando buscamos con sinceridad caminar de acuerdo al modelo de Dios, las iglesias son edificadas y bendecidas.
Jairo Carbajal
Pastor de La Casa de mi Padre
Monterrey, México

Que GRAN obra, ¡es fantástica! Qué momento es este para el tema [de los apóstoles], al menos por lo que he estado escuchando del Señor. Realmente me ha bendecido.
Craig Groethe, el Intérprete de Sueños

Excelente libro, nos muestra el trabajo perfecto del Espíritu Santo, el control y el plan de Dios para cada iglesia.
Oscar Aguilera, Ciudad de México.

"Apóstoles Globales Iglesias Locales" capta bellamente la esencia de la relación entre las iglesias locales y aquellos individuos que trabajaron para el crecimiento y desarrollo de esas iglesias, los apóstoles globales. La imagen de los apóstoles sirviendo a las diversas iglesias locales en lugar de gobernarlas es

preciosa y refrescante. En el centro mismo está primero la relación con Jesús, el apóstol principal de nuestra fe. Mark presenta a las iglesias y a los apóstoles como individuos con una revelación viva de Jesucristo. Además, hace la distinción de apóstoles como aquellos apartados por el Señor mismo para servir a sus hermanos dondequiera que se congreguen en sus iglesias locales. Mark identifica con gracia la autoridad bajo la cual los apóstoles sirven sin vanagloriarlos más allá de sus hermanos, pero también sin disminuir su importancia e influencia. Me desafía y alienta a andar en una relación de sencillez con Jesús, y dejar que esa relación sirva a los hermanos.
Howard Jackson

Howard Jackson actualmente sirve a Cristo como apóstol. Estuvo bajo la tutela de Robert Ewing y viajó durante muchos años con Ray Jennings, ambos apóstoles para las naciones. Howard vive con su esposa y seis hijos en Waco, Texas.

Refrescante ... "amplió mi perspectiva de los apóstoles"
Dale Barnes, plantador de iglesias

Anderson se conecta con los líderes de todas partes al llevarnos de su dolor personal en una relación crítica a una búsqueda centrada y exhaustiva del N.T. Anderson ha puesto una pieza importante del rompecabezas sobre la mesa para nosotros. Fácil de acceder. Anderson ha servido bien al reino con su examen muy completo de los datos bíblicos sobre iglesias y apóstoles.
Jerry Daley, plantador de iglesias y apóstol reconocido de la era moderna

Tabla de Contenido

SECCIÓN TRES: RELACIONES QUE DAN VIDA

Prefacio

Por Qué Escribí Este Libro

*Todos los nombres en el prefacio y en el resto del libro has sido cambiados.

Concebido en una crisis y dado a luz en angustia, "Apóstoles Globales, Iglesias Locales", resuena con el gran llamamiento a ¡Libertad para ministros e iglesias! Las crisis impulsan a los hombres fuertes a una mayor fortaleza; Dios cuidó de mí para llevarme al punto que sólo puedo describir como una "crucifixión". Para los hombres y mujeres de fe, la crucifixión culmina con la ¡gloriosa resurrección! Lo que pudo haber terminado en una paralizante tragedia vino a ser un trampolín para un ministerio mundial. Las experiencias detrás de este libro me transformaron de tal manera que nada más podría hacerlo. En lugar de quebrantado me volví más en una persona de una sola pieza. Estoy por siempre agradecido por los eventos que sucedieron, las personas involucradas y del Dios que preparó el escenario completo.

Cuando empecé a pastorear la iglesia de Agua Viva (Living Water) en Muscatine Iowa, teníamos a un amado apóstol sobre nuestra iglesia. David Watanabi* era un genio espiritual con muchos rasgos que los genios tienen. Él también tenía las rarezas famosas que los "Einstein" del mundo tienen. Por ejemplo, David nunca aprendió a conducir un auto.

David era mejor conocido por su amor – amor a Dios y amor por la gente durante los años de su formación: Los padres de David alimentaron, durante la depresión, a miles de hombres y niños necesitados. Posteriormente, David viajó extensamente detrás de la Cortina de Hierro llevando Biblias, el amor de Dios, y la visión de la iglesia Neotestamentaria a los creyentes perseguidos. El abrazaba a jóvenes, viejos, ricos y personas en necesidad por igual. Su amor fue legendario. Él decía que una vez paró la embestida de un toro al decirle firmemente "¡Dios te ama, Dios te ama!"

De alguna manera hacía sentir a todos que eran especiales. Él era líder de adultos, pero sin intimidar a los niños. Los niños lo amaban, disfrutaban sus historias y recibían de buen grado regalos de sus manos. Una cosa que yo especialmente reconocía de David era su habilidad de hacer bromas pero no de una manera que humillara a la gente. Su sentido del humor no denigraba; él apoyaba y animaba a todos.

Dios usó a David para plantar decenas de iglesias en todo el mundo. Él fue uno de los grandes plantadores de iglesias del siglo veinte. En el avión, durante sus viajes, y en las iglesias, él tenía una extraña habilidad para identificar y discipular a un hombre con un llamamiento de Dios para su vida.

Conocí a David alrededor de 1968. Desde entonces, aprendí de él y trabajé con él muy de cerca. Él contribuyó para que yo fuera puesto como pastor en la iglesia Agua Viva en 1976. Le amamos y le estimamos mucho. Nosotros aprendimos pacientemente a través de sus enseñanzas aun cuando no comprendíamos todo. Cuando nos visitaba, le dábamos su crema favorita de cacahuate con trocitos. La administración nunca fue su fuerte, más él sonreía y soportaba esta falta y otras debilidades que tenía. Nosotros nos sentíamos especiales a los ojos de David.

Como es común en muchos grandes hombres del tamaño de genios, David desarrollaba algunas virtudes mientras que excluía otras. Debido a su amor, similar al de Cristo, él casi no corregía o disciplinaba a alguien. A pesar de esto, confiábamos en él y nos sentíamos seguros con él como nuestro apóstol.

Luego cosas extrañas empezaron a suceder. ¿Qué puedes hacer cuando un líder amado cae bajo influencias impías? David formó un equipo apostólico y empezó a viajar casi exclusivamente con un miembro de ese equipo, el hermano Malcomb. Los otros miembros fueron puestos de lado o eliminados. ¡Este no era el hombre que conocíamos tan bien! Yo tenía mis reservas pero continuaba confiando en el hombre que nos había ayudado mucho. David continuó con su compañero de trabajo y me lo presumía. Un día David me dijo "Él tiene una visión para casi todos los que ve".

Mientras tanto, la iglesia que yo pastoreaba seguía creciendo y madurando a pesar de nuestros altibajos. Mi esposa y yo ocasionalmente viajábamos y ministrábamos en otros lugares. La iglesia iba ganado respeto e influencia en la comunidad. Yo pagaba mi cuota de errores pero también crecía en mis habilidades pastorales y de liderazgo. Nosotros promulgamos una visión del Orden Divino para la Iglesia Neotestamentaria. Creíamos en el ministerio quíntuple (apóstol, profeta, evangelista, pastor y maestro) y creíamos que Dios respaldaría Su visión para la iglesia a través del compañerismo, para prosperar y extender el Reino en nuestra ciudad y más allá. Creíamos que el ministerio quíntuple era parte del modelo de Dios y que podría resolver cualquier problema que surgiera en la iglesia.

Teníamos los mismos desafíos que las iglesias tienen cada día. Sin embargo, un problema en particular se iba fraguando bajo de la mesa desde el primer día del nacimiento de la iglesia y, eventualmente, se manifestó en una visión diferente respecto al liderazgo de la iglesia. Un buen hombre y su esposa atrajeron a un grupo de gentes para hacer las cosas a su manera. Se le notificó a David del problema y se le dijo a la iglesia que "este hombre se debía arrepentir o salir de la iglesia". Él no lo quiso y vino a confrontarse. En algunos la obstinación creció a rebelión. La situación se volvió muy tensa.

Luego nuestro apóstol, guiado por visiones de su nuevo mentor espiritual, decidió que yo era el que tenía que salir de la iglesia. Él me envió a Canby, Oregon, donde se suponía que sustituiría a un varón que pastoreaba una próspera iglesia nueva. Nuestro apóstol empezó a circular la información, a través del que había fomentado el problema, y que su grupo debería permanecer en la iglesia porque yo ¡había renunciado! Estaba conmocionado y espantado. Nuestro liderazgo local no había tomado tal decisión. Pero después de orar y ayunar, no sólo estaba dispuesto a irme, sino ¡quería salirme! ¡Estar en angustia no es mi llamamiento!

En la noche, al llegar al edificio de la iglesia, para anunciar mi renuncia, nuestro anciano líder me alcanzó y me dijo, "¡no renuncies! Al menos por el momento". Un joven profeta en la iglesia dijo "si renuncias, la iglesia caerá en manos de un grupo de rebeldes". Para ese tiempo ya habíamos visitado la congregación de Canby y mi esposa no tuvo paz de cambiarnos para allá. Mis padres, que por aquel entonces vivían cerca de Canby, también me aconsejaron que no me mudara.

¿Qué iba a hacer? Tengo un alto grado de respeto de la autoridad y en ocasiones soy inseguro. Esta admiración por líderes piadosos y mi falta de confianza personal, algunas veces sana y otras veces enfermiza, obraron para que pusiera una gran confianza en el liderato de la iglesia. Yo fui enseñado a respetar la autoridad; no siempre lo hice. De hecho, al Dios obrar, en años pasados, la correcta actitud hacia varias autoridades, me tuve que arrepentir y pedir perdón más de una vez. Durante mis años de universitario le pedí a mi papá que me perdonara por mis actitudes equivocadas hacia él. Al salir del seminario, le tuve que pedir a mi pastor en el internado, que me perdonara. El camino a la madurez incluye el hacer las relaciones correctas con los varios niveles y esferas de autoridad que Dios pone en nuestras vidas. ¿Pero qué iba a hacer ahora? el apóstol me dijo "vete" pero las demás señales me decían "no te vayas".

Nuestro amado apóstol hizo arreglos para mi remplazo en tres ocasiones. El amigo visionario de David tuvo una revelación basada en 2° Crónicas 29:36: "...porque la cosa fue hecha rápidamente". Él quería que me fuera rápidamente pero de tal manera que no pareciera que estaba obligado a hacerlo. Más tarde me enteré que un pastor en Massachusetts ya había empacado y estaba listo para venir ¡para hacerse cargo de la iglesia!

Posteriormente David envió a un buen hombre, de nombre Alexander Clark, a pastorear la iglesia. Yo sumisamente recibí al pastor Clark y le hospedé en casa. Él estuvo el fin de semana y ministró en la iglesia. Antes de partir Alexander me dijo "Mark, tú tienes a buena iglesia aquí. Casi todos están contigo, pero hay un pequeño grupo que, como una uña, necesita ser cortado. Tú no puedes hacerlo - necesitas que el equipo apostólico diga 'de esta manera vamos a actuar'. Mark, tú debes permanecer en esta iglesia".

Dado mi respeto hacia David y a la autoridad en general, me encontré en los cuernos de un dilema. Yo sabía que el pecado dentro de la iglesia debe ser tratado. Y sabía que Dios había hablado a David inicialmente para que el instigador se "arrepintiera o se fuera de la iglesia", pero el equipo apostólico que trató el asunto no estuvo de acuerdo. En lugar de eso ellos querían que yo me fuera.

Finalmente, estando en angustia, llamé al pastor de la iglesia de David, que era el único hombre que tenía autoridad sobre él. Julius Lockyear era un pastor sabio y respetado que había ayudado a muchísimos pastores jóvenes, incluyéndome a mí. Después de explicarle el asunto, Julius me sorprendió con la sencillez de su respuesta "el hermano Malcomb acostumbra adular a David y pone en la lista negra a otros hombres. A lo mejor tú lo ofendiste sin darte cuenta. Estamos teniendo este mismo problema en todo el país -se quita a un pastor y se reemplaza con otro. Más y más la gente se está dando cuenta de esta situación. Se lo han dicho a David pero él no puede aún ver el origen del problema. ¿Qué va suceder? No lo sé. Simplemente permanece donde estás. Tú te has preocupado encarecidamente por las ovejas. Dios quiere que te quedes".

"Pero, ¿qué va a suceder con David?", pregunté. "Sólo ámalo" me contesto Julius. "Él eventualmente verá la luz. Examinadlo todo, retened lo bueno".

¡Vaya, qué alivio! La paz llenó mi interior por primera vez en meses. Pero el problema inmediato no había sido resuelto. Pasaron muchas oraciones y angustias. Luego un domingo experimentamos un "avivamiento de deserción" cuando un grupo hizo su numerito al salirse en medio de la reunión de adoración. Mi mayor dolor permanece por aquellos inocentes que fueron engañados; algunos permanecen lastimados hasta hoy.

Durante y después de esos días traumáticos, inicié un estudio a profundidad acerca de cómo las iglesias del Nuevo Testamento se relacionaron con los apóstoles. El resultado es la base de "Apóstoles Globales, Iglesias Locales: Cómo se Relacionaron los Apóstoles en la Era del Nuevo Testamento y Porqué es Importante Ahora". Lo que encontré te va a sorprender.

Descubrí que las iglesias del Nuevo Testamento pasaron tiempos muy limitados con sus padres apostólicos.

———————

Del traductor

Para mí fue una bendición leer este libro porque de inmediato me dio una visión fresca de relación de los apóstoles con la Congregación o Iglesia Local. Como lo recibí de gracia, quise compartir esta bendición con los hermanos de habla hispana.

SECCIÓN UNO

LAS VARIEDADES DE IGLESIAS Y LAS RELACIONES APOSTÓLICAS EN EL NUEVO TESTAMENTO

1

Introducción:
No Hay Moldes Para Las Relaciones

¿Cómo se relacionaron los apóstoles con las iglesias en la era del Nuevo Testamento? Este libro intenta responder a esa pregunta. Hay muchos artículos y libros enfocados en los apóstoles (en particular en Pablo) y cómo se relacionaron con las iglesias locales. Este libro intenta visualizar la pregunta desde el otro lado de la mesa. ¿Cómo vieron los primeros ancianos y miembros de la iglesia a sus padres que las fundaron? ¿Cuánto tiempo duraron esas relaciones? ¿Qué sucedió cuando el apóstol estuvo ausente o de viaje o en prisión?

Los lectores más críticos han de haber saltado cuando vieron el título "Apóstoles Globales, Iglesias Locales". Yo dudé en adoptar este título por la simple razón de que ninguno de los apóstoles del Nuevo Testamento registró un viaje fuera de la región del Mediterráneo. Desde la perspectiva del siglo veintiuno ninguno de los apóstoles del Nuevo Testamento tuvo en verdad un ministerio mundial. Ninguno viajó a América o al lejano oriente.

Sin embargo, los primeros apóstoles tuvieron una visión y llamamiento global. Véase el testimonio de Pablo y de Bernabé: "Te he puesto para luz de los gentiles, a fin de que seas para salvación hasta lo último de la tierra" [énfasis añadido] (Hechos 13:47). Estos hombres en ninguna manera fueron estacionarios o de una provincia, sino que siempre estuvieron "avanzando".

Por otro lado -y esto quise enfatizar en el título- una iglesia local está establecida en una ubicación geográfica, inamovible lógicamente, y hasta cierto punto aislada. Cada iglesia local está limitada en cierta manera por sus recursos propios y por su localidad. Quiero que los lectores se identifiquen con los pensamientos y sentimientos de los miembros de las primeras iglesias que, quizá no vieron a sus padres fundadores nunca más o por años. El título escogido con detalle contrasta la naturaleza provincial de la iglesia local con la visión amplia de un apóstol viajero o bien conocido.

Este es un estudio limitado por la naturaleza misma del Nuevo Testamento. Después de todo, el Nuevo Testamento no nos dice en detalle todo lo que quisiéramos saber. Este estudio se restringe al contenido de las Escrituras y generalmente no trata de especular más allá de lo que está escrito. Se limita a las iglesias mencionadas en las páginas del Libro y a los veinticinco apóstoles específicamente mencionados en los evangelios y las epístolas. El estudio también está limitado por el hecho de que todos los documentos del Nuevo Testamento fueron escritos por los apóstoles o personas asociadas con los apóstoles; ninguno de los documentos de las fuentes primarias (excepto el libro de Santiago) fueron escritos por los primeros pastores, ancianos o miembros de la iglesia. ¿Cuál sería el otro lado de la historia?

Este libro intenta exponer las relaciones fundamentales de las iglesias y los apóstoles. No intenta restringir o limitar la manera en cómo los apóstoles y las iglesias se relacionan en el siglo veintiuno. "Apóstoles Globales, Iglesias Locales" no es un llamamiento a regresar al modelo del primer siglo de la forma de vida y de ministerio. No se necesita recordar que la forma de viajar y de comunicarse ha cambiado en los últimos 2000 años. La Internet, correo electrónico, teléfonos celulares, iPods, mp3 y miríadas de formas modernas de tecnologías son herramientas dadas por Dios que se pueden y deben ser empleadas para la propagación del reino. Como quiera, a toda iglesia y pastor que desee basar su vida y ministerio sobre el modelo del Nuevo Testamento esta información se verá que es útil.

Debido al resurgimiento del ministerio apostólico en la segunda mitad del siglo veinte, algunos pastores y líderes de iglesias se preguntan "¿Necesito un apóstol? ¿Cómo puede un apóstol ayudar a nuestra iglesia? ¿Qué hacen los apóstoles?" Algunos líderes de iglesias se sienten llamados al ministerio apostólico. Algunos pastores e iglesias se preguntan cómo conectarse con los ministerios trans-locales. Algunas iglesias se sienten abandonadas; otras sufren abusos por los supervisores. Al volver a las raíces, un mapa bíblico puede ayudar a responder preguntas, resolver problemas y animar tanto a ministros como iglesias a trabajar conjuntamente en formas viables para construir el reino de Dios.

2

¿Cómo Eran Realmente Las Iglesias Del Nuevo Testamento?

La "Iglesia del Nuevo Testamento" es a menudo, y con razón, idealizada. Admiramos su poder y su celo evangelístico. Los primeros cristianos fueron unos cuantos perseguidos que, contra todo pronóstico, pusieron al mundo "de cabeza". Desde la naciente iglesia todo el mundo occidental fue evangelizado en menos de 300 años. Resultados obtenidos sin radio, televisión, periódicos, prensa escrita, Internet y otros medios masivos de comunicación.

La mayoría de las iglesias iniciaron pequeñas (Jerusalén fue la excepción). Es difícil estimar el tamaño de las primeras iglesias. El escritor J. Murphy O'Connor propone que la iglesia de Corintio era de unas cincuenta personas.[1] Ese cálculo toma en cuenta las palabras de Pablo en Romanos 16:23 "Os saluda Gayo, hospedador mío y de toda la iglesia..." [énfasis añadido]. Los primeros cristianos no tenían templos; las casas fueron los lugares regulares de reunión. Una o varias iglesias en casas formaban "la iglesia" en una ciudad.

Una lectura cuidadosa del escrito nos da la impresión de una entidad que se parece mucho más a una burbujeante olla de guisado - sabroso y nutritivo, pero todo revuelto. A veces a esas ollas les llamamos "revoltijo". Ese mismo término se podría aplicar a muchas iglesias en el Nuevo Testamento y ¡no sólo a la iglesia de Corinto!

Todo nacimiento es un atascadero. Como padre de nacimientos en casa que ha cortado y atado el cordón umbilical de cuatro de nuestros hijos, de

---

[1] Frederick J. Cwiekowski, The Begining of the Chruch (New York: Paulist Press, 1988).

todo corazón estoy de acuerdo. Después de todo, los bebés ¡no llegan al mundo sequecitos y con diademas y moñitos en su cabello! Es bueno tener una buena provisión de toallas y ayudantes a la mano. Lo mismo que pasa en nacimientos humanos sucede en el nacimiento de una iglesia en una ciudad y en otra.

Imagínate, si puedes, la situación en Tesalónica. Era un grupo multirracial, multilingüe de recién convertidos compuesto de judíos tradicionales y paganos. Los paganos acababan de renunciar a sus ídolos y no tenían la menor idea del monoteísmo. Los judíos, por otro lado, odiaban a los ídolos, las estatuas y se rehusaban a hacer imágenes de Dios. Estos judíos llevaban amuletos, velos para orar con flecos y campanillas en sus bordes y recitando la Tora. A los judíos tradicionales se les prohibía por sus leyes aun comer con los gentiles, que se comprobó ser un problema persistente que afectó a varias de las primeras iglesias cristianas. Una división cultural más grande es difícil de imaginar.

La predicación de Pablo provocó que la sinagoga se dividiera y una multitud enardecida. La acusación fue que los nuevos cristianos eran subversivos y traidores al César. Además no hubo un liderazgo establecido para los nuevos convertidos. Tuvieron sólo unas semanas de enseñanza y no tuvieron un trasfondo teológico común. Todos eran bebés recién nacidos en Cristo. ¡El que finalmente convivieran no es menos que milagroso!

Después de que Pablo salió de noche apresuradamente de la ciudad, la iglesia fue abandonada a sus propias expensas. No es de sorprender que toda clase de preguntas surgieron respecto a la moralidad sexual, el regreso de Cristo, y los dones del Espíritu Santo. Con todo, cuando Timoteo regresó a Tesalónica halló ¡una joven y floreciente iglesia! ¿Cómo pudo suceder esto?

Tan sorprendente para el observador moderno, la iglesia en Tesalónica estaba experimentando la gracia de Dios. La iglesia como un todo empezó a experimentar lo que Jesús dijo que sucedería: "Y yo rogaré al Padre, y os dará otro Consolador... el Espíritu de verdad... No os dejaré huérfanos; vendré a vosotros" (Juan 14:16-18). Tesalónica recibió un par de cartas de seguimiento (primera y segunda a los Tesalonicenses que contenían exhortaciones apostólicas y mandamientos) pero no hay registro de visitas de un apóstol durante seis años.

Los problemas abundaban en las iglesias de entonces. Las iglesias de Galacia se habían deslizado al legalismo, después de su conversión. Las iglesias de Éfeso si bien evangelizaron toda una región, habían perdido su primer amor. La iglesia en Tiatira era conocida por su amor, fe, servicio y perseverancia pero toleraba a una mujer con el espíritu de Jezabel. La iglesia de Sardis se puso adormir y se volvió una iglesia "muerta". El evangelio fructificó en Colosas y, sin embargo, la ciudad estaba atribulada por una hueste de problemas que incluían el ascetismo, la adoración a los ángeles y el gnosticismo.

Con todo el sincretismo, movimientos, modas, enseñanzas, líderes, fortalezas, debilidades, y remolinos de énfasis, las diferentes iglesias del primer siglo de la cristiandad eran muy parecidas a las iglesias de hoy - un dulce aroma de popurrí que Dios destinó para cambiar al mundo.

3

¡Apóstoles, Vengan Fuera!

¡Apóstoles, vengan fuera! "Desatadle y dejadle ir" (Juan 11:44).

Así como Jesús resucitó al muerto Lázaro en el primer siglo, Dios está llamando a los apóstoles a que resuciten y salgan fuera en el siglo veintiuno. El ministerio apostólico ha permanecido inerte o dormido por tanto tiempo que muchos cristianos devotos no creen que los apóstoles existan hoy.

Este escritor resuena con el llamado de Cristo "¡Apóstoles, vengan fuera!" "Apóstoles Globales, Iglesias Locales" subraya las bases bíblicas para los apóstoles de la era moderna e intenta "desatarlos para dejarlos ir". Muchas iglesias y hombres con genuinos llamamientos apostólicos han sido atados por conceptos no bíblicos que les han impedido relaciones apostólicas para edificación de la iglesia y han prohibido el trabajo conjunto y armonioso.

En la Sección Dos el estudio de cada iglesia del Nuevo Testamento establece el fundamento para entender las variedades y conceptos de iglesias y de las relaciones apostólicas. La información en la Sección Tres puede "desatar" a las iglesias y a los apóstoles, y ofrecer una mayor libertad para el trabajo conjunto en varias formas de beneficio mutuo.

Jerry Daley, que es un apóstol talentoso y plantador de iglesias, pone varios asuntos sobre la mesa:

El asunto, en mi opinión, es cómo las iglesias [y] pastores deben aprovecharse de los ministerios apostólicos. No me refiero al aspecto de autoridad sino a la necesidad de las iniciativas apostólicas, liderazgo, riesgos [y] fe para romper moldes para avanzar en nuevas formas para alcanzar a esta generación. La mayoría de los pastores principales intentan obtener resultados apostólicos, tienen la presión, expectativa [para hacerlo] pero no reciben el tipo de ayuda que necesitan. Repito, no me refiero a la autoridad. Estas son mis observaciones. Pocos son los pastores principales que tienen mentores o consejeros cuando otros tienen ambos y que se reúnen con ellos casi todas las semanas.[2]

¡Apóstoles, vengan fuera! Porque en la iglesia los necesitamos.

El movimiento apostólico de la época moderna en los Estados Unidos inició en los cuarentas. Si bien los pastores y los maestros han sido ministros reconocidos y autorizados en la historia de la iglesia, se ha supuesto comúnmente que los apóstoles y, posiblemente los evangelistas, se terminaron con Pedro y Pablo. Sin duda ministros con don apostólico han funcionado a lo largo de la historia pero, pocos se han atrevido a llamarlos "apóstoles", en el sentido bíblico del término. A mediados de los cuarentas, avivamientos en el área de Dallas, Texas abiertamente abrazaron la restauración de los apóstoles y de los profetas. Por ejemplo la Iglesia del Evangelio de Gracia en Waco, Texas, empezó a experimentar el derramamiento soberano del Espíritu Santo, completo de señales y milagros en Junio de 1946.[3]

En 1948 Dios orquestó un avivamiento soberano en New Battleford, Saskatchewan que corrió por toda la costa oeste y jugó un papel mayor en la restauración tanto profetas como de apóstoles. Este derramamiento sobrenatural del Espíritu Santo se conoció como el Movimiento de la Lluvia Tardía. Mientras tanto otras personas en Inglaterra y otros lugares experimentaron lo mismo.[4]

A causa de que algunas denominaciones mayores objetaron las manifestaciones sobrenaturales (y los excesos) de los avivamientos el Movimiento de la Lluvia Tardía fue criticado y menospreciado por muchos. El desprecio y la negación de los papeles bíblicos de los ministerios profético y apostólico persisten en algunos grupos hoy día.

Cuando John Wimber y C. Peter Wagner, ambos profesores del Seminario Fuller, recibieron el bautismo en el Espíritu Santo, el Nuevo Movimiento

---

[2] Jerry Daley, mensaje de correo electrónico al autor, Enero 22, 2013.

[3] Glenn Ewing, El Orden Divino de Dios para La Iglesia Neotestamentaria En Fe y En Práctica. Waco, Texas. Maranatha Press, reimpreso 1978.

[4] Robert Ewing, comunicación privada, fecha desconocida; Mel Amrine, comunicación privada, 1971. Philip Stanley, comunicación privada, julio 31, 2012.

Apostólico empezó a avanzar en los Estados Unidos. Actualmente C. Peter Wagner es reconocido como el "abuelo" de la nueva Reforma Apostólica y con libertad y humildad admite que él es más un observador que un promotor del movimiento soberano de Dios. "La característica más radical de la Nueva Reforma Apostólica es reconocimiento difundido de que el oficio del apóstol está funcionando en el cuerpo de Cristo en nuestros días".[5] Dios mismo está restaurando el ministerio quíntuple que incluye tanto a apóstoles y profetas.

Para propósitos de este estudio el término "apóstol" no se usa en el sentido general de "uno enviado con el evangelio" que aplica a todos los cristianos. En este libro la palabra se usa en el sentido específico de uno llamado al ministerio quíntuple de apóstol como se menciona en Efesios 4.11.

Defino "apóstol" como un cristiano llamado y sobrenaturalmente dotado por Dios para abrir nuevos territorios espirituales y geográficos para el evangelio; establece fundamentos; equipa a los creyentes y sirve como catalizador y coordinador a las iglesias y ministerios".

Vayamos a la Biblia y resucitemos a los apóstoles "escondidos" que se mencionan en el Nuevo Testamento. Un concepto equivocado es que hubo sólo doce apóstoles -los doce que siguieron a Jesús. Judas fue desechado y sustituido por Pablo. Pero, por extraño que parezca, hay tantos como veinticinco apóstoles explícitamente mencionados en las páginas del Nuevo Testamento.

¡Empecemos la cuenta! Sí, están los doce escogidos por Jesús. Once mencionados en Hechos 1:13: "...Pedro y Jacobo, Juan, Andrés, Felipe, Tomás, Bartolomé, Mateo, Jacobo hijo de Alfeo, Simón el Zelote y Judas hermano de Jacobo". Judas Iscariote, uno de los doce originales, el que traicionó a Jesús, no está nombrado en está lista. Pero como Judas fue miembro original de los doce que caminaron con Jesús, lo vamos a incluir. Luego necesitamos añadir a Matías que reemplazó a Judas (Hechos 1:26). El total de los apóstoles es ahora trece al incluir tanto a Judas como a Matías.

En el Nuevo Testamento hay varios individuos, además de los doce originales, referidos como apóstoles. Después que Cristo ascendió, Él "dio dones a los hombres" (Efesios 4:8). Estos fueron dones ministeriales - apóstoles, profetas, evangelistas, pastores y maestros. Dado que estos dones ministeriales fueron escogidos después de que el Cristo resucitado tomó su lugar en el trono en los cielos, se les conoce como "apóstoles del trono", o "apóstoles del Cordero" o "apóstoles de la ascensión".

Un estudio cuidadoso de las páginas del Nuevo Testamento nos ayudará a

---

[5] C. Peter Wagner, Changing Church (Ventura, CA: Regal Books, 2004).

"descubrir" a todos los apóstoles escondidos en el Nuevo Testamento. Una lista completa de los apóstoles de la ascensión es la siguiente:

Santiago, el medio hermano de Jesús y líder de la iglesia de Jerusalén (Gálatas 1:19);
Bernabé (Hechos 14:14);
Pablo (Hechos 14:14 y muchas otras referencias);
Apolos (1 Corintios 4:6-9);
Timoteo y Silvano (1 Tesalonicenses 1:1 y 2:6);
Epafrodito (Filipenses 2:25) aunque muchas traducciones usan la palabra "mensajero" la palabra en griego es "apostolon";
Dos apóstoles mencionados pero no por nombre – un hermano famoso en las iglesias y un hermano probado (2 Corintios 8:18, 22). "en cuanto a nuestros hermanos, son mensajeros de las iglesias, y gloria de Cristo" (2 Corintios 8:23). De nuevo la palabra en griego es "apostoloi" pero aquí es traducida como "mensajeros".

Estos nueve dan un total de veintidós (13+9=22).

Andrónico y Junias probablemente fueron apóstoles. "Saludad a Andrónico y a Junias, mis parientes y mis compañeros de prisiones, los cuales son muy estimados entre los apóstoles, y que también fueron antes de mí en Cristo" (Romanos 16:7). ¿Fueron estos genuinos apóstoles o fueron, como algunos traducen (Charles Ryrie[6] y otros) que fueron "bien conocidos por los apóstoles"? Si contamos a Andrónico y a Junias, el total llega a veinticuatro.

Finalmente Hebreos 3:1 designa a Cristo Jesús como "apóstol y sumo sacerdote de nuestra confesión". ¡Así tenemos veinticinco apóstoles en el Nuevo Testamento!

Claramente el ministerio apostólico no ha perecido con la muerte de los primeros doce. ¿Cuánto ha de durar este ministerio? Cristo, después de su ascensión, "Y él mismo constituyó a unos, apóstoles; a otros, profetas; a otros, evangelistas; a otros, pastores y maestros... hasta que todos lleguemos a la unidad de la fe y del conocimiento del Hijo de Dios, a un varón perfecto, a la medida de la estatura de la plenitud de Cristo..." (Efesios 4:11-13). ¿Ya estamos ahí? ¿Hemos alcanzado la unidad de la fe? o ¿Un varón perfecto? No, de ninguna manera. Cristo, el resucitado y entronizado como cabeza de la iglesia, continúa constituyendo apóstoles en nuestros días. El ministerio apostólico continuará hasta que Cristo regrese.

---

[6] Charles Caldwell Ryrie, nota al pie, Ryrie Study Bible: New American Standard Bible (Chicago: Moody Bible Institute, 1978), 1725

En el primer siglo algunos trataron de usar el título de apóstol, sin haber sido llamados a ese ministerio ¿Cuántos? No lo sabemos, pero parece que es un problema que no ha cesado. Pablo advierte a la iglesia de en Corinto de los "falsos apóstoles" que trataban de congraciarse a ellos mismos en una posición de influencia en la fraternidad. "Porque éstos son falsos apóstoles, obreros fraudulentos, que se disfrazan como apóstoles de Cristo. Y no es maravilla, porque el mismo Satanás se disfraza como ángel de luz" (2 Corintios11:13-14).

La iglesia primitiva no era, a pesar de todo, ni cándida ni ingenua respecto a tales hombres. Las iglesias del primer siglo entendieron el llamamiento apostólico, pudieron descifrar la diferencia entre verdaderos y falsos apóstoles. Ellas estaban equipadas con el don de discernimiento de espíritus y, al parecer, fueron capaces de tratar con los impostores. Tomemos, por ejemplo, las iglesias de Éfeso. Cuando unos vinieron diciendo que eran apóstoles, los pusieron "a prueba" (Apocalipsis 2:2). No se nos dice qué tipo de pruebas hicieron, pero algunos no fueron recibidos sobre la base de falsas afirmaciones acerca de ellos mismos y de sus ministerios.

Con respecto a su profesión de fe, Cristo le dijo al apóstol Pedro "sobre esta roca edificaré mi iglesia" (Mateo 16:18). La casa de Dios, la verdadera iglesia del Señor Jesucristo, se edifica sobre el fundamento de apóstoles y profetas (Efesios 2:20). Sin los apóstoles escogidos por Cristo no habría iglesia. Los apóstoles fueron históricamente necesarios para fundar la iglesia y ahora son necesarios para un fundamento sólido. Sin alguna forma de participación apostólica las iglesias carecen de un fundamento completo.

La manera en que cada iglesia del Nuevo Testamento se relacionó con los apóstoles es el tema de la sección dos. El estudio, caso por caso, de cada iglesia lleva a resultados sorprendentes.

SECCIÓN DOS

CAJA LLENA DE SORPRESAS EN EL ESTUDIO DEL NUEVO TESTAMENTO

4

Estudios Del Nuevo Testamento: ¿Cómo Se Relacionaron Las Iglesias Del Nuevo Testamento Con Los Apóstoles?

Si eres un estudioso y deseas un estudio completo de todas las relaciones de las iglesias con los apóstoles, entonces lee por completo la sección dos. Se presenta un caso para cada iglesia del Nuevo Testamento con el propósito de exhaustividad para proveer una fuente para estudios posteriores.

Si, por otro lado, tienes prisa y quieres ir directo a los modelos del Nuevo Testamento, puedes saltarte algunos capítulos de la sección dos. Cada caso revela cuán poco tiempo cada iglesia tuvo oportunidad de disfrutar la presencia de un apóstol. Para tener la esencia del modelo del Nuevo Testamento al menos lee los capítulos del 5 al 10 para descubrir el contraste entre la forma en como la mayoría de las iglesias fueron tratadas, y el tiempo especial y énfasis que Pablo dio a la iglesia de Corinto.

Para hallar el cómo las iglesias se relacionaron con los apóstoles, es imperativo escudriñar las Escrituras.

Hay al menos 22 iglesias bien conocidas que se mencionan en el Nuevo Testamento. Además, cuatro iglesias en casas se mencionan y una lista más o menos grande de iglesias poco conocidas. Esta lista puede incrementarse al considerar un número de iglesias que no tienen nombre, por ejemplo las iglesias de Judea (Gálatas 1:22) y las iglesias de Siria y de Cilicia (Hechos 15:41).

Como recordarás del prefacio, estuve muy motivado y desesperado, por descubrir los detalles que me ayudaran a salir de mi dilema presente. Lo que hallé me sorprendió y me liberó.

5

Antioquía: Empieza La Revolución

Antioquía llegó a ser una iglesia como ninguna otra en la era del Nuevo Testamento. Hombres de África y de la isla de Chipre -fuera del flujo que venía de Jerusalén- iniciaron la iglesia. Estos hombres, ninguno nativo de Antioquía, trabajaron juntos para evangelizar y reunir creyentes en la capital de Siria.

Antioquía no era una ciudad de segunda clase. Se localizaba a unos 36 kilómetros del mar Mediterráneo hacia arriba del Río Orontes. Seleucia, a unos 8 km del mar, servía como su puerto. Después de Roma y Alejandría, era la ciudad más grande de su tiempo. Herodes pavimentó algunas de sus calles. Estaba al centro de las rutas comerciales norte - sur situada entre el Gran Mar, que estaba al oeste, y el Camino de Seda, que estaba al este. Antioquía disfrutaba su estatus como una metrópoli comercial del medio oriente. Con aproximadamente medio millón de habitantes, la ciudad tenía una reputación casi tan mala que Corinto. Era reconocida por su paganismo y libertinaje. Sus partidarios la aclamaban como "La Gran Antioquía, reina del oriente" y alababan su belleza. Al mismo tiempo, sus detractores resaltaban su podredumbre moral y física y decían de Seleucia, que estaba a sólo 25 km río abajo, que era "la cloaca del Orontes".

En esta olla de cultivo, hombres llenos del Espíritu Santo rompieron las barreras raciales y culturales al evangelizar a no judíos. Hablarle a no judíos fue revolucionario para los judíos cristianos de ese tiempo. En el fervor, que surgió de la persecución, y que cortó las amarras de Jerusalén, se atrevieron a hablar a los helenistas, hombres de cultura y costumbres griegas. "Y la mano del Señor estaba con ellos, y gran número creyó y se convirtió al Señor" (Hechos 11:21). Desde su inicio la iglesia de Antioquía fue multirracial, multicultural y creciente. En sus mentes no había barreras que limitaran lo que Dios podía hacer.

En esa mezcla, Barnabás el chipriota encajaba bien. Los apóstoles lo comisionaron a que fuera a Antioquía, cerca de 500 km al norte de Jerusalén, aparentemente para guiar a la incipiente comunidad. Lo que él encontró parece que lo sorprendió. El vio lo que sólo puede ser descrito como la gracia de Dios. Avivamientos de todo tipo estaban sucediendo. "Y una gran multitud fue agregada al Señor" (Hechos 11:24). En tres ocasiones se menciona al gran número de personas involucradas. La iglesia experimentaba un crecimiento dinámico.

Aparentemente Bernabé sintió la necesidad de incrementar el liderazgo. Pensó que conocía al hombre adecuado para la obra. En lugar de enviar por Pablo, él personalmente viajó a Tarso para hallarlo y acompañarlo de regreso a Antioquía. El plan funcionó: Pablo dejó el ministerio en Cilicia y se unió al liderato de la iglesia en la capital de Siria, permaneciendo y enseñando allá por un año entero.

Ministerio cosmopolita para una iglesia cosmopolita

El ministerio principal de la iglesia consistía de dos africanos, dos judíos y de uno que vino (entre otros) con Herodes Antipas, gobernador de galilea, durante el tiempo de Jesús. ¡Vaya diversidad! Qué gracia el que todos podían trabajar y orar juntos. Sin embargo la unidad pasó pruebas. En la carta de Pablo a las iglesias de Galacia, él deja ver las batallas entre judíos y cristianos en la naciente comunidad. Como líder en la iglesia, Pablo reporta su represión abierta a Pedro, respecto al tema de si los cristianos debían guardar las leyes y prácticas judías (Gálatas 2:11 ss). Como el máximo exponente del "evangelio de gracia", Pablo se vio forzado a señalar el legalismo de la iglesia de Jerusalén en general, y el de Pedro en lo particular, antes de que llegara muy lejos. Y tanto se había difundido, que Bernabé era acarreado con los sutiles tentáculos del legalismo. Sin embargo, la represión de Pablo, no resolvió el problema. La iglesia en Antioquía continuó batallando al menos hasta la resolución alcanzada en el Concilio de Jerusalén en el año 49 DC.

Estos cristianos de Antioquía eran de clase espiritual, involucrados en el ayuno y la ministración al Señor. Como los primeros discípulos después de la ascensión de Cristo, el liderazgo los llevó a la oración comunitaria y adoración al Señor. Como resultado, el Señor se manifestó en una comisión misionera que probablemente tuvo un efecto mayor que el derramamiento original del Pentecostés. ¡Esto fue el Pentecostés de Antioquía! El Espíritu Santo envió a Pablo y a Bernabé y así se inició uno de los mayores movimientos evangelísticos de todos los tiempos. Eventualmente todo el mundo del

Mediterráneo escuchó el evangelio.

¿Qué sucedió cuando Pablo salió de la iglesia hacia su trabajo misionero? ¿Quién se quedó a cargo? Aparentemente los otros tres líderes - Niger, Lucio y Manaén - ejercieron el liderato y llenaron el vacío que dejaron los apóstoles que salieron. El liderazgo múltiple fue una característica notoria de la iglesia. Estos tres eran profetas o maestros o ambos. (Hechos 13:1). No se dice si alguno de ellos fue reconocido como apóstol sobre la obra. De hecho, desde el día que partieron Pablo y Bernabé, nadie más se menciona como apóstol relacionado con la iglesia que más gente envió en toda la historia de la cristiandad.

Cuando regresaron Pablo y Bernabé de su primera misión, ellos retuvieron su influencia y algo de autoridad en la iglesia. Leemos en Hechos 14:27 que ellos reunieron a la iglesia para referirle todas las cosas buenas que Dios había hecho en su viaje. De nuevo, en Hechos 15:30 parece que Pablo y Bernabé tomaron la iniciativa para reunir a la iglesia para que escucharan los decretos del Concilio de Jerusalén. Alrededor del año 52 DC, al final del segundo viaje misionero, Pablo estuvo un tiempo en la iglesia para luego partir nuevamente. Hasta donde sabemos, el no ejerció otro ministerio o autoridad en la iglesia de Antioquía. Tampoco tenemos registros de que Bernabé tomara algún papel ministerial o de liderazgo desde ese tiempo sobre esta iglesia que lo había enviado.

Misión-Comisión

Antioquía vino a ser el paradigma de misión-comisión y estrategia. Ministerios aprobados fueron enviados bajo el liderazgo y dirección del Espíritu Santo. La iglesia confirmó los llamamientos a través de la oración, el ayuno y la imposición de manos. Los misioneros fueron encomendados a la gracia de Dios; al terminar el trabajo asignado, ellos regresaron a su base-hogar, la iglesia local. Estos factores fueron y continuaron siendo los modelos para la obra misionera de las iglesias Neotestamentarias.

Lo que a menudo pasa desapercibido es el hecho de que la iglesia en Antioquía continuó sin un liderazgo reconocido después de que Pablo y Bernabé partieron. Pablo permaneció todo un año (Hechos 11:26) en Antioquía antes de ser enviado. Además, el dúo apostólico "se quedó mucho tiempo", posiblemente semanas o meses, con los discípulos en Antioquía, al final de su primer aventura misionera (Hechos 14:28). El segundo viaje de Pablo duró tres años, después de los cuales visitó de nuevo Antioquía y pasó un tiempo ahí (Hechos 18:22-23). Sin embargo, aproximadamente desde el año 52 DC al final de su vida, Pablo no regresó ni una vez a aquellos que lo enviaron.

Dios levantó esta notable iglesia misionera con un corto pero fundamental ministerio de Bernabé y Pablo. Después de sólo cuatro breves años la iglesia en Antioquía pudo disfrutar del legado de Pablo, pero nunca más de su presencia.

6

Antioquía De Pisidia, Iconio, Listra Y Derbe: Iglesias De Galacia Abandonadas A La Gracia De Dios

Bernabé tenía en su haber catorce o más años de experiencia como ministro cristiano cuando la iglesia de Antioquía lo comisionó a la obra misionera. Pablo tenía un poco menos, pero ambos eran ministros veteranos bien versados en las palabras de Jesús. Bernabé había pasado un tiempo en la iglesia en Jerusalén y, posiblemente, había escuchado las enseñanzas de Jesús con sus propios oídos. Jesús enseñó "Yo soy la luz del mundo; el que me sigue, no andará en tinieblas, sino que tendrá la luz de la vida" (Juan 8:12). La vida y ministerio de estos hombres demostraron sus convicciones: Cuando un hombre es justificado por la fe en Jesús, el Cristo interior lo guiará a salir de las tinieblas paganas a la gloriosa luz que cambia las vidas.

Las iglesias de Galacia (Antioquía de Pisidia, Iconio, Listra y Derbe) serán consideradas en conjunto porque estaban geográficamente relacionadas y recibieron la misma atención de Pablo.

Alrededor de los años 47 - 48 DC, en la ida del primer viaje misionero, Pablo y sus compañeros llegaron a Atalía (la actual Antalya) o Perge, ambas tenían puertos en lo que es ahora Turquía, en la península de Asia Menor. Desde ahí ellos se encaminaron directo al norte a la colonia romana de Antioquía de Pisidia. A menudo me preguntaba el porqué los misioneros se detuvieron y cambiaron de dirección en lugar de continuar hacia el norte. Cuando mi esposa y yo viajamos por esa región en auto, la respuesta fue obvia. Aunque Antioquía de Pisidia está a 1100 m de altura sobre el nivel del mar, las montañas al norte aparecen como una cortina negra detrás de la ciudad. La carretera sinuosa sobre la montaña es para poner los pelos de punta, peligrosa y ¡una experiencia inolvidable! Para continuar al norte Pablo y

Bernabé hubieran sido forzados a ascender el extremo occidental del Monte Tauros que, puedo testificar de mi experiencia personal, es una empresa intimidante. ¡Es mucho más fácil dar vuelta hacia el este!

Hablando de peligros, hay una razón más para no continuar al norte - ¡ladrones y asesinos! Las montañas abrigaban a clanes de la montaña sin ley ni piedad que por tiempo habían desafiado a varios gobiernos que habían tratado de someterlas. De hecho, Antioquía de Pisidia fue fundada y posteriormente fue colonia romana y fortaleza militar en un intento de controlar a los montañeses. ¡Un buen motivo para virar hacia el este!

Iconio (en turco Konya) está situada en una cuenca rodeada por montañas - un hermoso trazo. Al sur de Iconio está Listra que vino a ser colonia romana en el año 6 DC por decreto de César Augusto. Antioquía de Pisidia estaba localizada a unos 160 km al noroeste de Listra, comunicada por un camino militar que evitaba pasar por Iconio. Derbe estaba a unos 100 km al este de Listra.

Durante la ministración de Pablo y Bernabé hubo convertidos y discípulos en cada ciudad. Pero los misioneros no permanecían mucho tiempo; la persecución los mantenía en movimiento.

En la ruta de regreso del primer viaje, algunas semanas o meses después, los apóstoles tuvieron el arrojo de pasar de nuevo en cada ciudad de la que habían sido expulsados. Lucas resume su ministerio en Hechos 14:22 "confirmando los ánimos de los discípulos, exhortándoles a que permaneciesen en la fe, y diciéndoles: Es necesario que a través de muchas tribulaciones entremos en el reino de Dios". Los misioneros establecieron ancianos en cada ciudad, después de orar y ayunar. Y luego, con recién convertidos como líderes locales, los encomendaron al Señor en quien habían creído. El viaje completo duró menos de un año.

La situación en Derbe fue un poco diferente porque Pablo y Bernabé visitaron la ciudad sólo una vez en su primer viaje misionero. Pablo fue apedreado y dejado inconsciente en Listra, donde previamente había ministrado. Sin duda llegó adolorido, con heridas y con mayor determinación de hacer el evangelio glorioso a sus oyentes.

Lucas no dice cuánto tiempo estuvieron en Derbe pero fue el suficiente para hacer "muchos discípulos" (Hechos 14:21). Lucas no menciona si establecieron o no ancianos en Derbe, pero ciertamente sus esfuerzos evangelísticos probaron ser exitosos. Al tiempo ellos dieron media vuelta y anduvieron sus pasos en su viaje de regreso a casa.

Las relaciones pueden ser frustrantes

¿Qué revela la epístola a las iglesias de Galacia respecto a su relación con Pablo? Una revisión cuidadosa muestra una relación superficial y turbulenta. Al inicio la gente del área les dio la bienvenida a Pablo y a su equipo. Estuvieron dispuestos a sacarse sus ojos para dárselos a Pablo (Gálatas 4:15). Además el evangelista tenía algún tipo de enfermedad que, al mismo tiempo, era una prueba para la gente. A lo mejor era pus que no se veía, alguna infección o heridas producto del apedreamiento en Listra. Con todo, ellos no lo menospreciaron o repudiaron sino que lo recibieron "como un ángel de Dios, como a Cristo Jesús" (Gálatas 4:13-15). Sin embargo, en su ausencia, otros ministros habían llegado al área predicando un mensaje de salvación por Jesús junto con el seguir la Ley del Antiguo Testamento. Este mensaje pareció lógico a los miembros y ancianos de esta recién plantada iglesia. ¡Ellos empezaron a considerar a Pablo como su enemigo (Gálatas 4:16)! ¡Un verdadero vuelco en las relaciones! Ciertamente el padre espiritual perdió el aprecio de sus hijos espirituales.

Estos jóvenes discípulos fueron engañados y embelesados (Gálatas 3:1 y 3) y estaban desertando de Dios, según Pablo. Ellos eran culpables de volverse a la idolatría y a al legalismo (Gálatas 4:8-10).

El apóstol no se anduvo con rodeos al tratar de restaurar tanto la verdad del evangelio como su positiva relación anterior con las iglesias. Él admitió estar admirado (Gálatas 1:6) y perplejo por los no tan fieles discípulos (Gálatas 4:20). Los líderes y la gente que incluían varias iglesias en Galacia frustraron a Pablo sin límite. Conociendo la naturaleza humana, no hay duda que al menos algunos jóvenes cristianos se ofendieron de las fuertes palabras de Pablo. ¿Cómo te sentirías si tu líder te acusara de ser un tonto y endemoniado (Gálatas 3:1)?

Pero Pablo también conocía la naturaleza de Dios y el poder del evangelio. Él conocía el corazón de Dios y el gran sacrificio de Jesús por estos niños en Cristo. Él conocía que la Luz del Mundo aún resplandecía dentro de ellos. Él sabía que la fuerza de la fe era infinitamente más fuerte que la ley del pecado y de la muerte. Él sabía que si los gálatas eran establecidos en la doctrina de la justificación únicamente por fe, ellos podrían ser libres de engaño y redescubrir la libertad de vida en Cristo. Consecuentemente, les escribió la maestra e iluminante carta que conocemos como "La Epístola a los Gálatas".

Después de enviar la carta, Pablo se mantuvo al pie del cañón. Durante el segundo viaje misionero, acompañado por Silas en lugar de Bernabé, volvió a visitar a los discípulos del sur de Galacia. Ellos fueron por vía terrestre hacia el viejo territorio de Pablo en el año 49 o 50 DC, uno o dos años después de concluido el primer viaje. Pablo señaló el propósito de su segundo viaje de visitar a los hermanos y "ver cómo están" (Hechos 15:36). Las iglesias se fortalecían y crecían en número diariamente. Al parecer la fuerte carta a los gálatas ¡había alcanzado el resultado deseado!

Aún después, Pablo se embarcó de nuevo en un tercer viaje a través de la región. ¿Se detuvo en Derbe en su tercer viaje, el cual inició en el año 52 o 53 DC? Probablemente, pero no hay registro que explícitamente lo diga. La única anotación de Lucas fue que Pablo "salió, recorriendo por orden la región de Galacia y de Frigia, confirmando a todos los discípulos" (Hechos 18:23). En este tiempo, él también dirigió a las iglesias a hacer una colecta para los pobres en Jerusalén (1 Corintios 16:1). Esto implica que los apóstoles pararon brevemente en cada iglesia en su camino hacia el oeste.

Nos quedamos con muchas preguntas sin respuestas. ¿Establecieron ancianos en Derbe? Si lo hicieron, ¿fue durante su primera visita (lo cual parece que no y no hay algo que lo indique así) o fue durante el segundo o el tercer viaje? Gayo era de Derbe (Hechos 20:4). El hecho que un miembro de la Iglesia de Derbe se diera a la suerte con Pablo, y se uniera al equipo apostólico, indica un alto grado de confianza y certeza en Pablo y su visión. Timoteo desde Listra, su pueblo natal, fue también seleccionado por Pablo como compañero de viaje. Timoteo vino a ser el asistente personal de Pablo y, posteriormente entró al ministerio apostólico.

¿Cuánto tiempo realmente pasó con la congregación de los Gálatas? Tres años más tarde (52 DC), al regreso de su segundo viaje misionero, él estaba en Éfeso, que está a sólo unos 300 km de Antioquía de Pisidia. Desde Éfeso tuvo la oportunidad de visitar las iglesias que plantó, sin embargo, decidió regresar a las costas de Siria por barco (Hechos 18:18-22) en lugar de usar una ruta terrestre. En consecuencia, no paso a las iglesias del sur de Galacia y se perdió toda oportunidad de visitar a los miembros de esas iglesias.

Los estudiosos discrepan en si la carta a los Gálatas fue escrita a las iglesias al norte de Galacia o a las cuatro que están al sur, de las que hablamos aquí. En mi opinión, parece claro que la epístola que fue escrita a los Gálatas fue dirigida a las personas de las iglesias emergentes del sur de Galacia. La carta a los Gálatas no menciona el edicto de Jerusalén del año 49 DC. A partir de que la decisión del Concilio de Jerusalén estuvo directamente relacionada con el contenido de la carta a los Gálatas, Pablo pudo ciertamente incluirla en su carta. Dado a que no hay mención de la decisión del Concilio, concluyo que la carta a los Gálatas fue escrita antes del año 49 DC y enfocada en las cuatro iglesias establecidas en su primer viaje misionero. En el Apéndice hay una revisión sobre los posibles receptores de la carta a los Gálatas.

Un hecho adicional debe considerarse con respecto a la relación entre las iglesias locales de Pisidia, Antioquía, Listra, Derbe y el apóstol Pablo. Aproximadamente en el año 57 DC, en su camino a casa desde Corintio y la península griega, Pablo estuvo nuevamente en Asia Menor, en esta ocasión en Mileto. De nuevo, él escogió navegar de regreso y no pasar por esas cuatro iglesias. Él sabía que no vería a las iglesias de los efesios y de los gálatas de nuevo. Su carga inmediata fue Jerusalén y después Roma y las regiones de más allá donde estaba ligado a predicar el evangelio y abrir un nuevo territorio (Romanos 15:15-25). ¡Pablo fue de corazón un plantador de iglesias!

Resumen y Conclusiones

Pablo visitó seguramente Antioquía de Pisidia, Iconio y Listra en tres ocasiones y, probablemente cuatro en diecinueve años de ministerio que van del año 47 al 66 DC. Todas las visitas fueron en los primeros seis años a partir de que fue enviado desde Antioquía. Las iglesias fueron plantadas y tuvieron a sus ancianos iniciales. La evidencia muestra que ellos frustraron grandemente a Pablo, pero posteriormente fueron fortalecidas por su ministerio. Algunas iglesias contribuyeron con trabajadores en el equipo de Pablo (Hechos 20:4) y quizá contribuyeron para ayuda a los pobres de Jerusalén a solicitud de Pablo (1 Corintios 16:1).

Después que Pablo iniciara la iglesia de Derbe, él regreso una o quizá dos veces, durante los cuatro a cinco años siguientes. Pablo continuó su ministerio hasta cerca del año 66 DC y nunca más vio de nuevo a la iglesia en los últimos trece o catorce años de su vida.

En el período desde el año 53 DC hasta la muerte de Pablo alrededor del año 66 DC, no hay registros de visitas o ministerio de él para las iglesias de Antioquía de Pisidia, Iconio, Listra y Derbe. Al parecer no hizo el menor esfuerzo por continuar el ministerio con la gente de estas iglesias. Debido a su urgente visión evangelística de esparcir el evangelio en territorios vírgenes y quizá debido a sus cuatro o cinco años de cautividad, él esencialmente abandonó a las iglesias del sur de Galacia.

Más exactamente, las abandonó a la gracia de Dios. La fe inmutable de Pablo en el poder preservador de Dios eclipsó cualquier decisión de él de otras visitas a Galacia. Convencido de que el incipiente poder de Cristo dentro de ellos nunca cesaría y, completamente apercibido de la creciente luz de la fe que justifica, él tuvo libertad. Libertad para seguir al Espíritu a las regiones no alcanzadas donde el evangelio nunca había sido predicado y, libre para reposar en la verdad de que los gálatas, habiendo sido justificados por fe, no andarían en tinieblas sino continuarían en el camino de la Luz de la Vida.

Frecuentemente los apóstoles son por sí mismo seres humanos gloriosos, talentosos, dotados, con autoridad e impuestos en forma natural. Con mucho, Pablo parece cumplir con este perfil. Una manera en la que Cristo celosamente guarda y preserva Su soberanía sobre la iglesia es al disminuir o quitar la influencia de un apóstol en su debido tiempo. Posiblemente este fue el caso de las iglesias de Galacia.

7

Filipos: Una Aventura De Amor Mutuo

"Pasa a Macedonia y ayúdanos" (Hechos 16:9) un hombre, en visión, le rogó a Pablo. Pablo y sus colaboradores estaban batallando en hallar la dirección de Dios cuando ocurrió la visión. Con esta revelación disiparon sus dudas e inmediatamente cruzaron el norteño mar Egeo para llegar a Neápolis, el puerto marítimo de Filipos. De ahí continuaron unos quince kilómetros para llegar a Filipos la colonia romana de Macedonia. La ciudad recibió ese nombre debido a Felipe el macedonio, padre de Alejandro el grande. Filipos era mayormente romana, el latín era la lengua franca de ese entonces. Ahí vivían tan pocos judíos que no había ni una sinagoga. No se completaba la cuota de al menos diez judíos para constituir una sinagoga, en consecuencia, las mujeres que querían reunirse fueron relegadas a la orilla del río (Hechos 16:13).

Pablo llegó a Filipos probablemente en el año 50 DC, en su segundo viaje misionero. No se sabe cuánto tiempo permaneció; al parecer fue una visita breve pero productiva. Lucas registra dos acontecimientos. El primero fue el encuentro accidental con Lidia, su conversión y su invitación para que se hospedaran en su casa. El segundo fue el dramático encarcelamiento de Pablo y Silas, su liberación sobrenatural durante un terremoto muy oportuno y, la conversión del carcelero. Después de una reunión más con los nuevos convertidos "se fueron" anota Lucas sucintamente (Hechos 16:40).

Pablo no regresó a Filipos en los siguientes seis años. En su tercer viaje, se detuvo en Éfeso y trabajo ahí por casi tres años. Desde Éfeso envió a Timoteo y a Erasto para que le precedieran en Filipos. No se registra cuánto tiempo permaneció en Filipos en esta ocasión. Este visionario tenía la mira puesta en Jerusalén y eventualmente en Roma (Hechos 19:21). Pero primero necesitaba continuar en el sur de Grecia (Acaya), donde estuvo cerca de tres meses en la ciudad de Corinto. Al prepararse para salir de Grecia rumbo a Jerusalén, un complot le forzó a cambiar sus planes. Él decidió ir al norte por tierra vía Macedonia. Ya sea por plan divino o por accidente, de nuevo Pablo pudo haber tenido el placer de estar con la iglesia filipense. Dado a que iba de prisa para llegar antes del Pentecostés (Hechos 20:16), tuvo que haber sido una visita breve. De todas maneras estaba en el camino de Macedonia hacia Jerusalén.

Arrestado en Jerusalén y puesto en prisión en Cesarea y posteriormente en Roma, pasaron al menos cuatro años desde que Pablo escribió su carta a los filipenses. La carta fue la más cálida y más personal que escribió a las iglesias. Ternura, gozo, y cuidado mutuo caracterizó su relación. "Doy gracias a mi Dios siempre que me acuerdo de vosotros" (Filipenses 1:3) y "cómo os amo a todos vosotros con el entrañable amor de Jesucristo" escribió desde la prisión en Roma probablemente en el año 61 DC. Parecía que estaba al tanto de las personas y de algunos problemas que estaba pasando la iglesia. En ese tiempo envió a Epafrodito con la carta y esperaba enviar a Timoteo en el futuro.

Pablo era un hombre ocupado que viajaba por el área del Mediterráneo en busca de cumplir su ministerio. De hecho, ¿se le puede acusar de ser un "padre ausente" de las iglesias a las que dio a luz? Durante su ausencia surgió un cúmulo de problemas serios. Dos mujeres, Síntique y Evodia, crearon división en la congregación. Egoísmo, orgullo y división fueron evidentes (Filipenses 4:2 y 2:3-4). Por un lado, legalismo (Filipenses 3:1-3) y por otro, falta de disciplina (Filipenses 3:17-19) revelan algunos de los problemas más fuertes de la iglesia. Pablo intentó resolver estos asuntos al recordarles amablemente tanto el ejemplo de Cristo, como el de su vida misma. Él nombró directamente a los autores de la contienda. Y le pidió a su "hermano compañero" (probablemente el pastor) que le ayudara a resolver el problema.

Por alguna razón este grupo inicial de creyentes formaron un vínculo cercano y leal con el fundador de la iglesia. Este grupo de creyentes enviaron al menos dos ofrendas de amor a Pablo y a su equipo en Tesalónica. "Y sabéis también vosotros, oh filipenses, que al principio de la predicación del evangelio, cuando partí de Macedonia, ninguna iglesia participó conmigo en razón de dar y recibir, sino vosotros solos; pues aun a Tesalónica me enviasteis una y otra vez para mis necesidades" (Filipenses 4:15-16). Incluso años más tarde -cerca de unos once años después que se conocieron- cuando el apóstol permanecía en arresto domiciliario en Roma, la iglesia "revivió su cuidado" y le envió recursos a Pablo (Filipenses 4:10).

Al revisar las relaciones de las iglesias con su padre fundador, hallamos algunas sorprendentes conclusiones. Después que Pablo plantó la iglesia en

Filipos el regresó una vez; posiblemente dos pero, esta última no fue planeada. Y por supuesto se tiene la carta canónica conocida como "el libro de Filipenses", el cual dibuja su tierno y creciente amor para la gente de esa congregación.

Lo que es más sobresaliente es su gran confianza en Dios por la iglesia. "Estando persuadido de esto, que el que comenzó en vosotros la buena obra, la perfeccionará hasta el día de Jesucristo" (Filipenses 1:6). Esta confianza le permitió a Pablo seguir adelante y plantar iglesias en áreas no evangelizadas. Su estrategia de plantado de iglesias y de discipulado no incluyó visitas de seguimiento con seminarios, conferencias y sesiones de entrenamiento de líderes. Él esperaba que la iglesia en su conjunto tomara la responsabilidad e hiciera la obra del ministerio. Es significativo que su carta a los Filipenses se dirigió "a todos los santos en Cristo Jesús que están en Filipos, con los obispos y diáconos" (Filipenses 1:1). Él no hizo ningún esfuerzo para que la iglesia dependiera o se basara en él o en su equipo.

¿Cuál fue la fuente de la gran confianza de Pablo de que la iglesia haría su trabajo sin él? Simplemente él trató a sus convertidos como Dios lo trató a él. Después de su dramática conversión, Pablo estuvo solo tres años en Arabia sin un apóstol o un mentor que lo instruyera. Durante ese período, Dios le ministró, lo entrenó, y le enseñó lo esencial del evangelio de la gracia. No es de sorprenderse que él esperará que Dios hiciera lo mismo con los filipenses y con cualquier otro grupo de convertidos en todas y cada una de las ciudades. Todos ellos eran participantes de la misma gracia que Pablo experimentó.

Al mismo tiempo, Pablo no minimizó su relación con la iglesia. Él los exhortó a seguir su ejemplo (Filipenses 3:17) y "Lo que aprendisteis y recibisteis y oísteis y visteis en mí, esto haced" (Filipenses 4:9). Pablo dio varios imperativos a la iglesia en Filipos. ""Regocijaos en el Señor siempre. Otra vez digo: ¡Regocijaos!" (Filipenses 4:4) es uno de los más recordados. Sin embargo, al principio, él los motivó al decirles que, si seguían su ejemplo, "el Dios de paz estará con vosotros." (Filipenses 4:9).

En la forma más diplomática, Pablo recordó a la congregación la responsabilidad que tenían para con él. Al alabar a Epafrodito "porque por la obra de Cristo estuvo próximo a la muerte, exponiendo su vida para suplir lo que faltaba en vuestro servicio por mí" (Filipenses 2:30), el apóstol sutilmente señaló que la relación era una avenida de dos sentidos. Pablo confiaba que Dios, a través de la iglesia, supliría algunas de sus necesidades. Felizmente, la congregación revivió su preocupación por el ministro en prisión al enviarle los fondos que necesitaba. Pablo respondió, con su carta de agradecimiento, por el regalo y declaró que se regocijó grandemente en el Señor a causa de su renovado cuidado por él (Filipenses 4:10).

Lo que vemos en Filipos es una aventura de amor mutuo -la iglesia y el apóstol- eso incluyó dos o tal vez tres visitas apostólicas sobre el período de unos dieciséis años.

8

Tesalónica: Iglesia Tranquila En Ciudad Turbulenta

La capital de Macedonia, Tesalónica, se localizaba unos 150 kilómetros al sudeste de Filipos. Una población de 200,000 aseguraba que hubiera suficientes judíos para tener una sinagoga. El disturbio en esta ciudad debe comprenderse en el contexto del conflicto romano - judío durante la era del Nuevo Testamento. Judea, en particular, así como otras partes del imperio romano, era el semillero del efervescente celo judío por sacudirse el yugo romano. El profesor F. F. Bruce llama a estos judíos patriotas, que intentaban vencer el régimen opresor romano, "luchadores por la libertad" (acá terroristas).[7] En el año 49 DC el emperador Claudio forzó a que todos los judíos salieran de Roma para detener los disturbios rampantes y prevenir problemas en el futuro. La presión se incrementó hasta el año 70 DC cuando el ejército, bajo las órdenes de Tito, destruyó el templo en Jerusalén. El antisemitismo fue rampante y los judíos simplemente no eran bien recibidos en muchos lugares.

Dentro de esta atmósfera vinieron Pablo, Silas y Timoteo predicando a Jesucristo como el señor de todos. Algunos judíos, muchos griegos temerosos de Dios y algunas esposas de los oficiales empezaron a seguir a Pablo. Algunos de los líderes de la ciudad empezaron a acusar a los misioneros de sedición en contra del gobierno. Para evitar disturbios, los miembros de la iglesia local rápidamente llevaron a Pablo, y a su equipo, fuera de la ciudad.

Hubo convertidos y la iglesia había iniciado, pero Pablo consideró que la situación era incipiente. ¿Podría el cuerpo naciente de creyentes continuar en la fe? Para calmar su preocupación escribió una carta y le pidió a Timoteo que

---

[7] F. F. Bruce, Apostle of the Heart Set Free (Grand Rapids: Eerdmans, 1977), 225

regresara a Tesalónica con su epístola. Cuando Timoteo regresó con Pablo de Tesalónica, las noticias fueron buenas: la iglesia se mantenía a pesar de la persecución y mantenía su afecto por los apóstoles. Los tres misioneros rápidamente le dieron seguimiento con la carta que conocemos como la Segunda de Tesalonicenses. En esta carta, ellos les dieron mandamientos específicos para que mantuvieran las tradiciones que les habían dado, que obedecieran a lo que les decían y que obraran sin menguar (2 Tesalonicenses 3:14). Estos nuevos creyentes en su mayoría se habían convertido del paganismo. De plano Pablo tuvo que enseñarles la ética judeo-cristiana del trabajo que ellos no conocían. He ministrado en África en condiciones similares, donde el ministro debe instruir a los nuevos convertidos en los rudimentos de la vida cristiana.

Las epístolas de Pablo a la iglesia de los tesalonicenses son impresionantes e informativas de su relación. Probablemente ninguna otra iglesia tuvo ese trato tierno, como a niños, con él. ¡Qué gran amabilidad! ¡Cuánto cuidado!¡Qué sensibilidad! Me maravilla cómo Pablo trató a estos convertidos del paganismo con tanto cuidado y respeto. El grueso de la iglesia estaba compuesto por ex adoradores de ídolos y no de judíos que se supondría conocían la ética básica del trabajo y de la moral. Dan la apariencia de que en su mayoría eran incultos (1 Tesalonicenses 5:27). Además recibieron el evangelio en tiempos de persecución y pruebas (1 Tesalonicenses 1:6, 2:14, 2 Tesalonicenses 4).

Posiblemente ninguna otra epístola comparte tal aliento y empatía. Los apóstoles fueron "tiernos entre vosotros, como la nodriza que cuida con ternura a sus propios hijos". (1 Tesalonicenses 2:7). "como el padre a sus hijos, exhortábamos y consolábamos a cada uno de vosotros." (1 Tesalonicenses 2:11). No es de sorprenderse que estos nuevos miembros del cuerpo de Cristo se volvieron imitadores de Pablo (1 Tesalonicenses 1:6). Ellos siempre se acordaban bien de los apóstoles y deseaban verlos (1 Tesalonicenses 3:6). Pablo los llamó gozo y corona suya. ¿Qué otra ayuda podrían los nuevos convertidos dar sino responder en amor? El equipo apostólico rehusó ejercer autoridad sobre ellos; en cambio, les dieron instrucciones simples y les enseñaron con el ejemplo. Ellos no necesitaron ejercer una fuerte autoridad con esta iglesia. La iglesia estuvo dispuesta a imitar a Pablo, a Silas, a Timoteo y al Señor (1 Tesalonicenses 1:6).

En primera de Tesalonicenses 5:12 y siguientes, Pablo hizo varios ruegos a los miembros de la iglesia. Aunque pudo haberles ordenado, él simplemente hizo los ruegos. La única excepción fue con respecto al trabajo: ¡si alguno no quiere trabajar, tampoco coma!

Los apóstoles establecieron posiciones de liderato en la iglesia antes de ser obligados a salir de la ciudad. "Os rogamos, hermanos, que reconozcáis a los que trabajan entre vosotros, y os presiden en el Señor, y os amonestan; y que los tengáis en mucha estima y amor por causa de su obra. Tened paz entre vosotros." (1 Tesalonicenses 5:12-13). (He visto en África, donde una iglesia puede nacer en un día, poner al más reciente de los convertidos en una posición de responsabilidad, si es que tiene un mínimo de habilidad de liderazgo). Los nuevos creyentes en Tesalónica fueron apremiados desde el inicio a tomar responsabilidades en el ministerio: "...que amonestéis a los ociosos, que alentéis a los de poco ánimo, que sostengáis a los débiles, que seáis pacientes para con todos". (1 Tesalonicenses 5:14). Los apóstoles usaron su autoridad para darle autoridad a las personas y para hacerlos responsables de la obra.

Los apóstoles tuvieron un ministerio muy exitoso en la iglesia de los tesalonicenses. Si bien hubo malos entendidos de esta gente sencilla con respecto al regreso de Cristo, y a la necesidad de trabajar, Pablo alardeó mucho de esta iglesia. Él los mencionó como "ejemplo a todos los creyentes" (1 Tesalonicenses 1:7).

Pasaron aproximadamente seis años, desde que plantó la iglesia, para que Pablo revisitara la ciudad. Fue alrededor del año 56 DC, durante su tercer viaje misionero, que él ministró de nuevo en Tesalónica. ¿En qué estado encontró a la iglesia? Sólo podemos especular porque Lucas, nuestro historiador, no nos da indicios. Desde Tesalónica, Pablo continuó al sur su viaje hacia la iglesia en Acaya. No tenía planes de visitar Tesalónica. Sin embargo, cuando se alistaba para salir de Corintio rumbo a Jerusalén, una conspiración que atentaba contra su vida lo forzó a cambiar de planes (Hechos 20:3). Pablo decidió viajar por tierra hacia el norte a través de Macedonia.

Su confianza en Dios fue tal que, después de plantar la congregación, él volvió una sola vez y eso después de un período de seis años. Si por casualidad él visitó la iglesia de nuevo, en su trayectoria de regreso de su tercer viaje, la visita fue corta y no planeada. Anteriormente había supuesto que Pablo pudo haberse detenido y ministrado a los tesalonicenses porque estuvo por ahí. Sin embargo, este estudio, intenta reportar lo que el Nuevo Testamento realmente dice no seguir suposiciones generalmente aceptadas. En este viaje el apóstol a propósito pasó de largo Éfeso para llegar a tiempo a Jerusalén. ¿No pudo también haber pasado de largo de Tesalónica? Lucas no registra detalles ni menciones de una parada en Tesalónica.

En resumen, ¿cuál fue el alcance del ministerio apostólico en Tesalónica? Los apóstoles plantaron la iglesia pero no pudieron continuar en el ministerio ahí por causa de la persecución. Pablo envió a Timoteo a Tesalónica en una ocasión y escribió dos cartas a la iglesia. Él volvió en una ocasión, o posiblemente en dos, seis años después. Como un ejemplo de fe, Pablo destiló confianza en que el Dios que había iniciado la buena obra en ellos la terminaría.

9

Berea: Noble Y Dispuesta

Berea, una ciudad de Macedonia a unos setenta kilómetros al interior desde Tesalónica sobre el Mar Egeo, vino a ser un refugio para Pablo, Silas y su equipo apostólico. Recién habían sido expulsados de noche de Tesalónica para librarse de la ira y el enojo de la multitud alborotada.

Los de Berea se mencionan sólo en cinco versículos de la Escritura, todos en Hechos 17, pero lo que se registró confiere una gran alabanza a los judíos convertidos de allá. Lucas comenta "Y éstos eran más nobles que los que estaban en Tesalónica, pues recibieron la palabra con toda solicitud, escudriñando cada día las Escrituras para ver si estas cosas eran así" (Hechos 17:11). Muchos creyeron, tanto hombres como mujeres, algunos de los cuales fueron de alcurnia.

Este esfuerzo de evangelización ocurrió alrededor del año 50 DC durante el segundo viaje misionero de Pablo. No se sabe cuánto tiempo permaneció ahí pero no pudo ser una estancia larga porque los judíos de Tesalónica llegaron y los echaron fuera, tal como lo habían hecho en su propia ciudad. Pablo fue escoltado de nuevo, para su seguridad, por nuevos convertidos.

La gente de pensamiento noble de Berea consideró a los misioneros en alta estima para ser escuchados y para examinar diariamente las Escrituras correspondientes. Muchos creyeron. Muchos se expusieron a la persecución por escoltar a Pablo, al salir de la ciudad, y lo acompañaron hasta Atenas. Silas y Timoteo permanecieron en Berea por un tiempo (Hechos 17:15). La relación con los apóstoles no pudo haber sido muy profunda porque, ellos estuvieron en Berea un período muy corto.

Pablo no volvió a ver a los de Berea durante cerca de seis años. Durante su tercer viaje misionero, él salió de Antioquía rumbo a Éfeso, estuvo en Éfeso por casi tres años y entonces hizo visitas más bien cortas a las ciudades de Macedonia, donde antes había plantado iglesias. Berea, por supuesto, fue una de esas ciudades. Estas visita no pudieron ser largas porque Romanos 15:19 menciona que Pablo viajó al norte hasta alrededor del Ilírico en la costa este del mar Adriático. El Ilírico está sobre una montaña escarpada a 450 kilómetros de Berea al final de la Vía Egnatia. Pablo también estuvo, en este viaje, tres meses en Corinto, quedando así poco tiempo para estancias largas en otras ciudades.

Algo sorprendente sucede cuando Pablo se preparó para salir de Corinto rumbo a Siria (Hechos 20:3). Un complot judío contra él lo forzó a cambiar abruptamente de planes y tomar una ruta indirecta a través de Macedonia. ¿Se detuvo en Berea? Nadie lo sabe. Lo que es significativo al tratar de determinar la metodología y motivos apostólicos es esto: Pablo no es del tipo de apóstol que da mantenimiento. Al parecer estuvo satisfecho con no revisitar a Berea y a otras iglesias en Macedonia. Plantar una vez, y una visita a los seis años, fue suficiente para él. Su fe fue tal que él podía encomendarlas a la gracia de Dios (Hechos 20:32) de la misma manera en que él "salió encomendado por los hermanos a la gracia del Señor" (Hechos 15:40).

¿Qué nos muestra todo esto de la relación de los de Berea con los apóstoles? Los convertidos del principio vinieron de la sinagoga y, por lo tanto, fueron judíos como Pablo y Silas. Tenían su mente abierta y eran respetuosos. Ellos aceptaron la enseñanza apostólica en la medida que escudriñaban las Escrituras. Algunos estuvieron dispuestos a arriesgarse al acoso o persecución por la fe recién encontrada, aún de manos de otros judíos como los de Tesalónica. ¡Pero no volvieron a ver a Pablo durante seis años! La relación de la iglesia y el apóstol tuvo un inicio positivo, pero ciertamente la relación no pudo madurar o desarrollarse durante los años sin contacto.

¿Qué pudieron sus mentes y fe transpirar durante esos años? Sólo podemos imaginar la incertidumbre y la duda con la que muchos creyentes batallan. ¿Qué hicieron estos nuevos creyentes con sus dudas? No hubo apóstoles ni creyentes experimentados en la escena. Pablo, quien es el modelo por excelencia del ministerio apostólico, no escribió ninguna carta, que se conozca, a los de Berea, en cambio, confió en el Dios quien le había entrenado para hacer lo mismo con los bebés en Cristo en Berea.

En varias maneras la relación de los corintios con Pablo fue peculiar, véase el capítulo 23 para más detalles. Ellos cuestionaron sus credenciales apostólicas, requirieron una visita de emergencia para reducir los problemas y ganar su atención especial. Si bien Pablo nunca dejó de amarlos, la iglesia tuvo con él una relación de amor-odio. Sin embargo, al final, prevalecieron la reconciliación y la armonía.

10

Corinto: Una Iglesia Descarriada En Una Ciudad Descarriada

Trasfondo

Hay un proverbio que se relaciona a la India moderna: "Cualquier cosa que se afirme acerca de la India, también lo contrario es cierto". Por ejemplo, si alguno habla diciendo que hay millones de pobres que apenas sobreviven en India, también es cierto que hay numerosos inversionistas excesivamente ricos y hombres de negocios que viven con toda clase de lujos en India. Si uno afirma que la nación está hacinada y sobrepoblada, también es cierto que hay extensas áreas baldías de tipo selvático.

Lo mismo es cierto para la antigua Corinto. Corinto floreció como una ciudad líder en los primeros años de la civilización griega. Posteriormente en el año 146 AC, la ciudad fue totalmente destruida por los romanos en pago por liderar el movimiento griego anti romano. Después de permanecer en ruinas por cerca de 100 años, fue resucitada por Julio César, hecha colonia romana y llegó a ser la capital administrativa del sur de Grecia. Estratégicamente colocada sobre una franja de tierra de cinco y medio kilómetros entre el norte y el sur de Grecia. Corinto estaba en la intersección de las rutas marítimas y terrestres que hizo que este sitio, una vez abandonado, fuera una metrópolis excesivamente próspera en el primer siglo DC.

Corinto fue simultáneamente una ciudad religiosa y una de las ciudades más paganas a lo largo del Mar Mediterráneo. Atestadas de altares para todo tipo de dioses locales y foráneos que incluía el infame templo de Afrodita con 1,000 esclavas prostitutas.

Así como la ciudad, la iglesia en Corinto exhibió grandes contrastes. Aunque profundamente espiritual, nunca escapó completamente de la inmoralidad cultural que la rodeó. Si bien los miembros estaban enriquecidos con todo conocimiento (1 Corintios 1:5), Pablo tuvo que ayudarlos a vencer la ignorancia (1 Corintios 12:1). En primera de Corintios 13, el famoso capítulo del amor, fue dado a los miembros de la iglesia de Corinto, aunque la iglesia misma era infame por sus divisiones. Corinto, conocida por su falta de lamentación por el pecado, llegó a ser con el tiempo el mejor ejemplo de arrepentimiento de una iglesia en el Nuevo Testamento.

Parecía que Pablo estuvo en un estado caótico al tratar con sus amados "hijos" en Corinto. Algunas veces frustrado que estuvo a punto de jalarse los cabellos. De hecho, ¡se rapó cuando salió de Corinto la primera vez (Hechos 18:18)! El apóstol escribió una carta que hizo que la iglesia se afligiera. Tan pronto como la envió se arrepintió de haberla enviado (2 Corintios 7:8). Pablo repetidamente presumía de la iglesia, pero se veía obligado a pasar tiempo extra con ellos, hacer esfuerzos extraordinarios, hacer un viaje de emergencia a la ciudad y enviar a varios encargados para tratar que la gente se formara.

En ocasiones los corintios llevaron a Pablo al extremo. Mientras trataba de defender su apostolado se soltaba el pelo y decía cosas que ordinariamente no diría. En su desesperación el clamó "Lo que hablo, no lo hablo según el Señor, sino como en locura... Puesto que muchos se glorían según la carne, también yo me gloriaré" (2 Corintios 11:17-18). "El gloriarse es necesario, aunque no es provechoso" (2 Corintios 12:1; LBLA). Luego, en un acto de contrición admite "Me he hecho un necio al gloriarme" (2 Corintios 12:11). Con los Corintios uno ve en Pablo una luz fresca y muy humana.

En los primeros días de mi ministerio, trabajé muy de cerca con el apóstol moderno David Watanabe. Uno de los primeros plantadores de iglesias de la segunda mitad del siglo veinte, David tenía un talento para encontrar y entrenar líderes. Él platicó numerosas historias acerca de una maravillosa iglesia plantada en Kenia, que incluía a varios miembros de la familia real. Como un favor especial el cacique local le ofreció a David a que tomara como novia a una de sus cinco esposas, David, que siempre fue soltero, ¡declinó la oferta! ¡Oh, cuánto este renombrado apóstol y plantador de iglesias se glorió de las bendiciones de Dios sobre esta nueva iglesia en Kenia! ¡Éstas venían a la par con Dios!

Entonces, un día, David mostró fotografías de las personas de esta iglesia especial. Carros viejos y abandonados ensuciaban el lugar. El lugar era asquerosamente sucio, algunos varones fumaban y parecían ser unos vagos. De repente abrí los ojos: aunque todas las historias de David eran verdad, él hablaba como un padre amoroso, orgulloso de sus hijos espirituales que habían salido de la oscuridad del paganismo y, progresaban en la luz del evangelio de Jesucristo. La obra no estaba terminada, ¡pero había empezado! La iglesia había iniciado. Cristo estaba en ellos y ellos crecerían en Cristo. ¡Ellos fueron parte del cuerpo de Cristo en Kenia!

Esta situación es una ilustración de las maneras de Pablo con la iglesia en Corinto y, de hecho, con todas las iglesias. El resucitado y viviente Señor Jesús le informó a Pablo, aún cegado por a relampagueante luz en camino a Damasco, "ahora te envío, para que abras sus ojos, para que se conviertan de las tinieblas a la luz... para que reciban, por la fe que es en mí... herencia entre los santificados" (Hechos 26:17-18). Durante el resto de sus días de servicio, el apóstol pudo ver, a través de los ojos de la fe, que los nuevos convertidos crecerían por el poder del Espíritu que moraba en ellos, para llegar a ser hombres y mujeres temerosos de Dios. Pablo supo que lo que Dios hizo con él, también lo podía hacer con los Corintios. Así que, él se gloriaba de ellos, oraba por ellos, hablaba de ellos "mucho me glorío respecto de vosotros" (2 Corintios 7:4).

Secuencia de los ministerios apostólicos y las epístolas a los Corintios

La cronología de ministerio de Pablo, así como la visita de otros apóstoles a los corintios es controversial. Yo generalmente sigo la línea de pensamiento de F. F. Bruce y de Charles Ryrie en contraposición a otros teóricos y escritores.

Pablo llegó a Corinto alrededor del año 50 DC. Parecía descorazonado y desanimado después de lo sucedido en Macedonia y en Atenas. En las ciudades de Macedonia de Tesalónica él se vio forzado a salir del pueblo, en medio de revueltas y acosos. Él falló en plantar una iglesia en Atenas, una rara frustración para este prominente evangelista. Admite haber iniciado con los Corintios en debilidad y mucho temor y temblor (1 Corintios 2:3). Fue sacudido por los eventos de las semanas y meses anteriores. A pesar de su debilidad, su predicación encendió conversiones y una nueva iglesia comenzó en Corinto. Dieciocho meses o más de fructífera labor pasaron antes que regresara a su hogar base en Antioquía.

Después de un tiempo en Antioquía el apóstol salió de nuevo a lo que conocemos como su tercer viaje misionero. Él llegó y estableció una misión base en Éfeso alrededor del año 52 DC. Pasaron unos dos o tres años. Eventualmente, desde Éfeso, Pablo escribió la carta que se menciona en Primera de Corintios 5:9, que ya no existe. -Para acomodar la contabilidad de las epístolas, F. F. Bruce se auxilia llamando a esta carta "Corintios A"[8] -. Inmediatamente llegaron al cuartel general de Pablo noticias de problemas mayores, y dudas, que habían surgido en Corinto que requerían su atención. Él escribió la epístola que conocemos ahora como la Primera a los Corintios, la cual F. F. Bruce nombra como Corintios B. Esta carta fue escrita alrededor de año 56 DC la cual tiene instrucciones sobre el matrimonio, alimentos, la comunión, fiestas de amor, dones espirituales, la resurrección, una ofrenda para los pobres en Jerusalén, etcétera.

Por este tiempo, otro apóstol de nombre Apolos visitó Corinto: al parecer su predicación popular fue bien recibida. Pedro, o alguno de sus discípulos, quizá también ministró en Corinto algún tiempo después que Pablo iniciara la iglesia. Algunos de los convertidos en Corinto vieron a Pedro como luz de guía o líder favorito. Para contrarrestar la división creciente y resolver miríadas de problemas Pablo envió a Timoteo a Corinto. La labor de Timoteo fue recordarles a los corintios las formas de proceder de Pablo (1 Corintios 4:17). Pablo se sintió forzado a escribir "miren que esté con ustedes con tranquilidad" y que ninguno lo menosprecie (1 Corintios 16:10-11). Sin embargo, Timoteo mostró no ser efectivo y no permaneció mucho tiempo en Corinto. ¿Cómo pudo Pablo esperar que este joven resolviera problemas mayores de la iglesia?

Las disputas no se resolvieron, antes aumentaron. Posiblemente Timoteo regresó con detalles perturbadores de la deteriorada situación en Corinto. Pablo determinó actuar, cruzó el Egeo e hizo una visita breve de sorpresa a Corinto. Esta es la visita que advierte Pablo en Primera de Corintios 4:19 y se alude en la Segunda de Corintios 2:1-2. La visita no resultó en bien como se había planeado; de hecho fue francamente dolorosa. F. F. Bruce escribió en Pablo apóstol de corazón en libertad "La oposición a Pablo llegó al máximo y un miembro de la iglesia en particular tomó el liderato en desafío a su autoridad. Los demás no hicieron algo en defensa de Pablo y Pablo, profundamente humillado, abandonó Corinto".[9]

Profundamente consternado, Pablo escribió otra carta (Corintios C) que también se perdió. Esta carta fue escrita "...por la mucha tribulación y angustia del corazón os escribí con muchas lágrimas..." (2 Corintios 2:3-4). Tito entregó la carta y Pablo permaneció en casa angustiado y arrepentido de haber enviado esa carta tan directa. No había nada que Pablo pudiera hacer sino esperar, con angustia, por el resultado de su severa carta.

---

[8] Para una discusión completa de la correspondencia de Pablo a los corintios, ver el libro de F. F. Bruce, 273-276

[9] Bruce, 274

Finamente llegaron buenas noticias, semanas o meses más tarde, cuando Tito llegó con su reporte. ¡La iglesia se había arrepentido! Y ¡ellos habrían renovado su aprecio por Pablo! El apóstol estuvo tan agradecido que inmediatamente escribió la carta de corazón rendido que llamamos la Segunda de Corintios (Corintios D). En ésta, él derrama su corazón, les pide sus corazones y encuentra la confianza renovada para pedir que la iglesia haga una colecta para Jerusalén. Tito y otros dos varones altamente estimados, llevaron la Segunda de Corintios a Corinto. La carta fue escrita aproximadamente un año después de Primera de Corintios, alrededor del año 57 DC.

La segunda de Corintios también trata el tema del apostolado de Pablo, la relación de idas y venidas con la iglesia. Al parecer algunos "súper apóstoles" de Jerusalén (o sus representantes) estaban reclamando miembros o intentar influir sobre la iglesia a costa de Pablo. Quizá intentaban llevar a la iglesia de Corinto bajo el paraguas de autoridad de Jerusalén. Pablo respondió con una defensa extensiva de su propia autoridad. Él afirmó que los corintios eran el sello de su apostolado y que no iba a retroceder ante nadie, incluyendo ante la iglesia de Jerusalén. Sea como sea, la autoridad de Jerusalén fue eliminada al surgir la revuelta judía que inició el 66 DC y que terminó con la destrucción del templo en el 70 DC. La iglesia de Jerusalén fue dispersada y, en consecuencia, cesó de existir.

Pablo hizo su tercera y final visita registrada a Corinto poco tiempo después que fue recibida la carta que conocemos como a la Segunda de Corintios (2 Corintios 13:1). El permaneció cerca de tres meses, solidificando su relación con la iglesia y recibiendo la ofrenda de amor para Jerusalén.

Breve resumen de las visitas de Pablo a Corinto

Para esclarecer las visitas de Pablo a Corinto aquí está un bosquejo de cada visita.

Primero, Pablo plantó la iglesia en Corinto alrededor del año 50 DC, durante la excursión de su segundo viaje misionero. Él estuvo un poco más de dieciocho meses y Hechos 18:1-18 registra los eventos de esta visita.

A continuación, en el 55 o 56 DC Pablo visitó Corinto por segunda vez. Este fue un viaje rápido y doloroso para tratar de resolver problemas difíciles de la iglesia. Esto sucedió durante su tercer viaje misionero. Salió de Éfeso, aparentemente navegó por el Mar Egeo hacia Corinto y regresó de nuevo a Éfeso. Primera de Corintios 4:19 y Segunda de Corintios 2:1 se refieren a esta visita.

Tercero, su visita final se realizó casi al final de su tercer viaje (alrededor del 57 DC). Permaneció en Corinto cerca de tres meses. Esta visita final está registrada en Hechos 20:1-4 y se menciona en Segunda de Corintios 12:14 y 13:1.

No encontré cartografía o mapa bíblico de los viajes de Pablo en la que se describa la segunda visita a Corinto. He tratado de disipar la duda y de clarificar los eventos al crear un mapa que muestre su segunda visita a la ciudad (por favor véase la sección de mapas).

En varias maneras la relación de los corintios con Pablo fue peculiar, véase el capítulo 23 para más detalles. Ellos cuestionaron sus credenciales apostólicas, requirieron una visita de emergencia para reducir los problemas y ganar su atención especial. Si bien Pablo nunca dejó de amarlos, la iglesia tuvo con él una relación de amor-odio. Sin embargo, al final, prevalecieron la reconciliación y la armonía.

11

Éfeso: Adiós, Hasta Luego, Que Te Vaya Bien

Raíces de las iglesias de Éfeso

En el camino de regreso de su segundo viaje, alrededor del año 52 DC, Pablo se detuvo brevemente en Éfeso. Priscila y Aquila, que viajaban con él, permanecieron en la ciudad. Si bien nadie conoce cómo fue que la cristiandad entró en el área, pudo haber sido por esta pareja. Ellos iniciaron una iglesia en su casa pero eran reconocidos como parte del grupo de apoyo más que evangelistas o predicadores. En conjunto ellos instruyeron a Apolos, un maestro y apóstol, que posteriormente impulsó la fe poderosamente.

Pablo regresó a Éfeso en el camino de ida de su tercera excursión. Lucas reporta "Pablo, después de recorrer las regiones superiores, vino a Éfeso" (Hechos 19:1). En una ocasión viajé la misma ruta, o una similar, hacia la costa oeste de Turquía. Aún recuerdo el asombro y emoción del descender de la montaña a la costa. La pendiente es empinada y se extiende kilómetro tras kilómetro - ¡un descenso que quita el aliento y digno de una nota de parte de Lucas!

Las raíces de las iglesias en Éfeso fueron inusuales: el crecimiento de la iglesia tuvo su punta de lanza en una combinación de un avivamiento sobrenatural y enseñanza doctrinal. La mayoría de las otras iglesias fueron establecidas por enseñanza (como Berea) o por un evento sobrenatural peculiar (como Listra). El pueblo de Éfeso disfrutó ambos. Hombres fueron llenos del Espíritu Santo, hablaron en lenguas y profetizaron desde el principio (Hechos 19:1-7). El pueblo testificó y recibieron milagros extraordinarios de manos de Pablo. Aun los paños y delantales llevaban poder sobrenatural para sanar. El avivamiento genuino y extensivo incluyó la quema de libros de ocultismo y la denuncia de seudoministros. El avivamiento fue tan grande que el nuevo movimiento afectó a la sociedad y comercio locales. Al mismo tiempo, los hombres iban aprendiendo doctrina y ganando estabilidad a través de la enseñanza diaria del apóstol que enseñó en la escuela de Tirano (Hechos 19:8-20).

He observado y experimentado el hecho que las personas sinceras desarrollan lazos fuertes, con los hombres que tiene llamamiento apostólico. Tal fue el caso en Éfeso. El enfoque apasionado de Pablo evocó una lealtad igualmente apasionada en los nuevos convertidos. Ellos vieron su sacrificio y vehemencia "sirviendo al Señor con toda humildad, y con muchas lágrimas, y pruebas que me han venido por las asechanzas de los judíos" (Hechos 20:19). La gente fue bendecida y los líderes que se levantaron claramente tenían un amor y respeto por Pablo. Ellos probablemente le salvaron la vida al evitar que entrara en la asamblea durante el tumulto ilegal que Demetrio y la unión de comerciantes instigaron (Hechos 19:23-31).

Las iglesias alrededor de Éfeso desarrollaron una lealtad a Pablo que se forjó con las pruebas y con el tiempo. Quizá no haya un vínculo más fuerte que el que se crea por el sufrimiento. Pablo repetidamente habla de sus aflicciones de vida y muerte en la ciudad: "cada día muero", y "batallé en Éfeso contra fieras" (1 Corintios 15:31-32). Pablo estuvo en Éfeso por casi tres años, desde alrededor del año 52 hasta el 55 DC. Esta fue una de las eras más fructíferas del apóstol. Fue tan efectiva que, de hecho, "todos los que habitaban en Asia (suroeste de Turquía en nuestros días) oyeron la palabra" (Hechos 19:10). Una confirmación adicional de su efectividad es que esta área geográfica se mantuvo fiel al cristianismo hasta 1923, cuando los turcos invadieron su territorio. Pocas regiones del mundo pueden presumir tal sucesión de testimonio cristiano a través de los siglos. Dese el crédito apostólico por establecer un fundamento firme de fe.

Continuando con el ministerio evangelístico y el de plantar de iglesias, Pablo visitó Macedonia y estuvo en Grecia por tres meses. En Grecia planeó navegar directamente hasta Jerusalén (Hechos 19:21), sin pasar por Éfeso. Sin embargo, una conspiración cambió su rumbo y decidió regresar por el norte vía Macedonia, por el camino por el que había llegado. En Hechos 20:16 Lucas reporta nuevamente "Porque Pablo se había propuesto pasar de largo a Éfeso". Aparentemente tenía la satisfacción de saber que la obra en la península de Asia Menor estaba bien establecida. Él no tuvo la intención de visitar de nuevo Éfeso, sino que su plan era visitar Jerusalén y luego continuar hacia Roma (Hechos 19:21).

Pero, como estaba cerca de Éfeso, decidió llamar a los ancianos del área para reunirse con ellos en Mileto. En este puerto él hizo una defensa apasionada de su ministerio. Les advirtió profusamente de "lobos salvajes" -ministerios itinerantes y del propio grupo de ancianos- que no perdonarían al rebaño. Les encargó que estuvieran alertas, que cuidaran y pastorearan el rebaño en el cual el Espíritu Santo los había puesto como obispos (Hechos 20:28-30). Llama la atención el hecho que no nombró pastores u otros apóstoles para que tomaran su lugar. En cambio los encomendó a "Dios, y a la palabra de su gracia, que tiene poder para sobreedificaros y daros herencia con todos los santificados" (Hechos 20:32).

Con esta acción, más que cualquier otra, Pablo se definió a sí mismo como un plantador de iglesias y no un tipo de apóstol que quiere permanecer. En este tiempo, no designó otro gobierno apostólico o externo a la congregación. Él dejo la iglesia en manos de ancianos locales. Les dio libertad a las iglesias y a sus líderes, encargándolos a Dios quien los salvó. Estos eran jóvenes convertidos; los más antiguos tendrían tres o cuatro años en Cristo. Les dio poder a los ancianos locales para liderar y para tomar responsabilidades. No planeó más contactos personales en y alrededor de Éfeso.

Pablo no consideró esto como negligencia de su responsabilidad, ni falta de amor de su parte. Ciertamente, por su parte, los ancianos de Éfeso no rechazaron a Pablo. Mientras el apóstol se preparaba para embarcarse rumbo a Jerusalén, estos hombres oraron con él, lloraron juntamente con él, lo abrazaron y, repetidamente, lo besaron. Tenían dolor especialmente por el anuncio de Pablo de que no verían más su rostro (Hechos 20:38).

Influencia apostólica continúa en Éfeso: Pablo, Timoteo, Juan

El hecho de que Pablo planeara no tener más contacto personal con las iglesias alrededor de Éfeso, no significa que no tuvo una influencia continua allá. Después de todo, había estado con ellos por tres años; su visión y personalidad estaban profundamente implantadas en ellos. Dado que levantó una colecta para Jerusalén en las demás iglesias, desde Galacia hasta Acaya, sin duda invitó a los efesios a participar. Envió a Tíquico un par de veces. La primera ocasión probablemente fue para entregar en propia mano la carta encíclica (Efesios 6:21) alrededor del año 61 DC, cuatro años después del beso de despedida de los ancianos en la playa cerca de Mileto. La segunda visita de Tíquico posiblemente fue cinco años más tarde, alrededor del 66 DC, justo antes de la muerte de Pablo (2 Timoteo 4:12).

Pablo estuvo en prisión y en arresto domiciliario durante aproximadamente cinco años del año 57 al 62 DC y luego fue liberado. Después de salir de prisión, evidentemente Pablo tuvo deseos de ver a Éfeso y a la gente ahí. 1 Timoteo 1:3 implica que Pablo ya había visitado Éfeso de nuevo.

Alrededor del año 63 DC cuando Pablo escribió la carta conocida como primera a Timoteo, el apóstol le ruega a Timoteo, su "verdadero hijo en la fe", a que permanezca en Éfeso para corregir errores doctrinales y continuar con la enseñanza. Le dio a Timoteo la enseñanza básica para que "sepas cómo debes conducirte en la casa de Dios" y le indicó que deseaba ir pronto a verlo (1 Timoteo 3:15). La carta también incluyó instrucciones para el establecimiento de más ancianos, requisitos para los diáconos e instrucciones detalladas para la atención de las viudas. Esto evidentemente sucedió alrededor de seis años después de que Pablo dijo a los ancianos que no volverían a ver su rostro.

En nuestro esfuerzo para descubrir cómo las iglesias locales de la época del Nuevo Testamento se relacionaron con los apóstoles, contamos con muy poca evidencia. Si bien Timoteo aparentemente permaneció en Éfeso desde el año 63 hasta el 66 DC, los registros dejan algunas preguntas acerca del tiempo en que permaneció allá. A favor de la idea de que la carta que conocemos como la Segunda a Timoteo llegó al joven protegido, cuando aún estaba en Éfeso, es el hecho de que se le pidió que saludara a Priscila y Aquila y a la casa de Onesíforo, al parecer todos ellos se localizaban en aquella ciudad, en ese tiempo.

A favor del pensamiento de que Timoteo estaba en algún otro lugar distinto a Éfeso hay dos enunciados en la misma epístola "y a Trófimo dejé en Mileto enfermo" (2 Timoteo 4:20). En el entendimiento más comúnmente aceptado, Pablo estaba preso en Roma al momento de escribir. Se piensa que Timoteo estaba en Éfeso, a sólo unos 50 kilómetros de Mileto. Si Timoteo todavía hubiera estado en Éfeso, ¡el sabría mucho más que Pablo de Trófimo y su ubicación!

El segundo enunciado que genera algunas dudas acerca de la ubicación de Timoteo está en la Segunda a Timoteo 4:12 "A Tíquico lo envié a Éfeso". Si Timoteo estuviera aún en Éfeso, ¿no hubiera Pablo enviado su carta a Timoteo por mano de Tíquico? ¿Y no hubiera escrito algo así como: "Envié a Tíquico para que te ayudara" o "para que sea tu asistente" o "para que trabaje contigo"? La Segunda a Timoteo es la epístola más personal de Pablo. Parece extraño e impersonal enviar a Tíquico a la ciudad a donde se supone que estaba sirviendo Timoteo, sin manifestar alguna palabra de cómo se habría de relacionar con él.

Como quiera que sea, Pablo, que dirigía a sus jóvenes colaboradores con mucho cuidado, estaba retirando a Timoteo de la obra en Éfeso alrededor del año 66 DC: "Procura venir antes del invierno" (2 Timoteo 4:21).

¿Cuándo llegó el apóstol Juan a Éfeso? No sabemos las fechas, pero cerca de una generación posterior Juan estuvo ministrando extensamente en la región de Asia Menor. La historia del ministerio de Juan con las siete iglesias se halla en los capítulos 1-3 del libro de Apocalipsis.

Una Historia de un Anciano - La Manera en que Pudo Haber Sucedido

(Esta viñeta, puramente ficticia, intenta comunicar la conmovedora y humana experiencia de algunos en la naciente iglesia de Éfeso)

Ahora soy viejo - ¡casi como Juan! El apóstol Juan. De hecho, él y yo jugábamos a ver quién tenía más larga la barba. Yo gané - la mía era más larga, aunque la de él era más blanca. Y no es de sorprenderse dado a todo lo que había pasado. Eso volvería el cabello de cualquiera completamente blanco.

Pero déjenme contarles desde el principio. ¡Oh, aquellos días! Hablar de avivamiento - aquello fue un verdadero avivamiento. Todos los días sucedía algo. Fue hace unos cuarenta y cinco años cuando Pablo, si Pablo -¡qué ímpetu tenía!- vino a Éfeso. Yo primero escuche de él por unos amigos en la escuela de Tirano. Me dijeron, "Ven, tienes que escuchar a este hombre". Así que un día fui y todo lo que hablaba era Jesús, Jesús, Jesús. Aseguraba que ese Hombre había resucitado de los muertos por el poder de Dios. Luego, oró por algunos que tenían problemas con la vista. ¡Dos fueron sanos de inmediato! Y un hombre que tenía una pierna más corta que la otra, la vi crecer delante de mis propios ojos. Él decía que Jesús estaba vivo y que hacía estas cosas. Yo estaba impresionado. Nunca tuve suficiente al regresar todos los días. Él podía ver a los demonios y echarlos fuera. También oraba sobre camisas y pañuelos y, más tarde, cuando la gente los tocaba, ¡también sanaban!

Vez tras vez Pablo nos decía que Jesús estaba vivo y que gobernaba Su Reino desde el cielo. Yo quise estar en su reino así que me abrí a Jesús también. Algunas cosas empezaron a sucederme. La vida no fue la misma después de eso. Mi esposa y mi familia también se acercaron. Ahora todos seguimos a Jesús.

Pero no pasó mucho tiempo y Pablo decidió marcharse. Él quería predicar en otras ciudades e iniciar más iglesias. Nada pudo detenerlo de marcharse. Pablo a menudo predicaba en contra de los ídolos que los comerciantes vendían; ellos culpaban a Pablo por la pérdida de sus ventas. Ellos alborotaron a la gente y si lo hubieran hallado lo hubieran matado. Se hizo un gran tumulto. En uno o dos días ya se había ido.

Siempre esperamos a que regresara. En una ocasión recibimos la noticia de que estaba por la zona. Me invitó a mí y a otros ancianos de la iglesia a que fuéramos a Mileto para reunirnos con él allá. Aprovechamos la oportunidad. Allá nos dio una extensa plática y dijo "Tomen su responsabilidad - ustedes están a cargo". Él prácticamente nos espantó a la muerte al predecir todos los problemas que vendrían a las iglesias. Él profetizó "¡lobos salvajes de entre ustedes!" Luego, al bajar a la playa, nos abrazó a todos por última vez y nos dijo que no le volveríamos a ver, pero que Dios tendría cuidado de nosotros. ¡Vaya sensación de vacío que tuvimos cuando nos dejó!

Hicimos nuestro mejor esfuerzo por la iglesia y, debo decir, que lo hicimos bastante bien. Pero algunas cosas fueron muy rudas. Ninguno de nosotros como ancianos sabía lo que estábamos haciendo. Teníamos las Escrituras - Isaías es mi favorito hasta ahora. Él nos dice mucho acerca de Jesús y cómo Jesús habría de venir. ¡Y vino! Pero nosotros éramos como viajeros sin mapa. Lo único que podíamos hacer era orar y pedir dirección para cada detalle.

Una pareja llamada Aquila y Priscila nos ayudaron mucho. Cada vez que teníamos una duda, podíamos tener algunas ideas de ellos. ¡Qué gran pareja eran! Ahora ellos ya también se fueron. Necesitábamos más información acerca de Jesús, de su vida, de sus caminos. Nos dijeron que Lucas escribió algunas cosas y algunos otros discípulos de Jesús también escribieron, pero al principio no teníamos nada. Pero ¡qué bendición cuando tuvimos las historias de Lucas acerca de los primeros días de Pablo! Luego obtuvimos los rollos de Marcos. En verdad necesitábamos relatos certeros. Yo empezaba a tener dudas de muchas cosas.

Oímos que Pablo fue encarcelado. Finalmente él nos escribió y qué carta fue esa que nos animó a todos. Y después de mucho tiempo, he aquí, ¡quién se habría de aparecer sino Pablo mismo! ¡Qué reunión! Pasamos un buen tiempo presentándole a los nuevos convertidos. Él estuvo tan contento de ver esos nuevos rostros, pero creo que se preocupó por los desafíos a los que nos enfrentábamos. Él decidió dejar a Tim con nosotros. Tim era fantástico, pero muy joven, más joven que muchos de nosotros. Me imagino que fue muy difícil para Tim permanecer aquí. Él se superó y en verdad ayudó mucho. Él sabía la forma de actuar de Pablo y contestó muchas dudas. Pero no permaneció por mucho tiempo - quizá unos tres años. Y entonces volvimos a estar a nuestras expensas. Y Dios seguía obrando. Yo empecé a enseñar y la gente seguía viniendo a Jesús.

Los años pasaron y las cosas siguieron pero al parecer todos nos enfriábamos. La gente estaba muy ocupada. Parecía como si no amaran a Dios como nosotros al principio. No había el mismo fuego que cuando Pablo estuvo por acá. Los jóvenes convertidos no eran tan aplicados y, acciones inmorales empezaron a introducirse.

Cuando vino Juan, me dio gusto. Qué tipo tan venerable era él. Nos trajo mucha claridad. Él conoció a Jesús en la carne. Nos contó cómo iba con él hombro con hombro, acampó y comió con Jesús. Cómo pusimos atención al escuchar una historia tras otra. Le pedimos que escribiera esas historias. Yo creo que era de lo más importante porque se veía venir la necesidad. Jesús es mi único Señor, nunca el emperador. Más y más nos presionaron para que nos postráramos ante Domiciano. Veía como los tiempos cambiaban. Cuando apresaron a nuestro líder, el anciano Juan, eso conmocionó a las iglesias. ¿Pero, qué podíamos hacer? Nada. Juan se estaba consumiendo en Patmos.

A través de todo esto, nosotros perseveramos. De hecho, la iglesia siguió creciendo. Dios es fiel. Pablo acostumbraba decir: "Deben entran a través de muchas tribulaciones en el reino de Dios". Bueno, nosotros confiamos en Dios y Él nos ha traído hasta aquí y nos llevará más allá.

12

Troas: Pasa A Visitarnos Cuando Andes Por Acá

Troas es mencionada seis veces en el Nuevo testamento, siempre incidentalmente como una parada de los apóstoles muy ocupados y en camino a otras regiones. La ciudad misma era un puerto importante que se localizaba al final de un largo camino que va por la costa oeste de lo que hoy es Turquía. Era una colonia romana y puerto de carga para los barcos que iban hacia Macedonia y Acaya, provincias al norte y al sur de Grecia.

Muchos recuerdan el llamado del macedonio "pasa a Macedonia y ayúdanos" (Hechos 19:9), pero pocos se dan cuenta que esta famosa visión sucedió en Troas. Buscando la voluntad de Dios, Pablo y compañía aceptaron la visión como una clara dirección y actuaron en consecuencia. Pablo, Timoteo, Silas, Lucas y posiblemente otros se dieron a la mar rumbo a Macedonia. Esto ocurrió alrededor del año 49 o 50 DC al inicio del segundo viaje misionero. El registro bíblico no da cuenta de evangelismo o discipulado u otra actividad ministerial significativa en la ciudad en esta ocasión.

Sin embargo, durante la ida del tercer viaje misionero las circunstancias fueron distintas. La Segunda Epístola a los Corintios invita a los lectores a soñar en un tiempo potencialmente fructífero en Troas. Pero la puerta abierta para un ministerio efectivo tuvo poca duración, interrumpido por un sentimiento de desasosiego en el espíritu del apóstol. Él estuvo ansioso acerca de la situación de Corinto a donde había enviado una carta llena de represiones y severa. Al parecer también estaba preocupado por Tito, su valioso colaborador. El impulso fue tan fuerte que Pablo acortó su naciente ministerio en Troas para buscar a Tito quien tenía noticias de la iglesia en Corinto (2 Corintios 2:12-13). Nuestra mejor conjetura es que la puerta estuvo abierta, y suficientemente amplia en esta visita, para hacer algunos discípulos y sembrar semillas para una iglesia en Troas. Todo esto sucedió alrededor del año 55 DC, inmediatamente después de terminar sus tres años de ministerio en Éfeso.

Pablo continuó desde Troas a través de Macedonia ministrando en varias iglesias. Durante éste periodo evidentemente viajó tan lejos como al Ilírico, en el Mar Adriático (Romanos 15:19). Después de pasar tres meses en Corinto, intentó navegar hacia Jerusalén. Sin embargo, un siniestro plan de los judíos lo forzó a cambiar sus planes. El apóstol viajó al norte y, eventualmente, regresó a Troas, una colonia que no apareció en su itinerario anterior. El equipo permaneció en Troas durante siete días, probablemente en el año 57 DC.

Lucas registra la tragicomedia más reveladora en Hechos 20:6-12. Él dirigió una reunión dominical de la iglesia celebrando la eucaristía en un aposento alto. Sucedió que Pablo se volvió en un predicador con mucha cuerda que aburría, al menos a un joven. Eutico estaba sentado en el alféizar de una ventana, quizá a causa de la multitud o porque quería aire fresco. Vencido por el sueño durante el largo mensaje, cayó a plomo hacia el suelo del exterior, tres pisos abajo. La Escritura dice "fue levantado muerto" (Hechos 20:9). Pablo, aparentemente con audacia, descendió, lo abrazó y dijo "no os alarméis, pues está vivo" (Hechos 20:10). Pablo regresó al aposento alto, disfruto la comunión de amor, siguió hablando hasta el amanecer y, finalmente, partió.

La última mención escritural de Troas ocurrió alrededor del año 66 DC y está registrada en la Segunda a Timoteo 4:13 Pablo pidió a Timoteo "Trae, cuando vengas, el capote que dejé en Troas en casa de Carpo, y los libros, mayormente los pergaminos". Esta solicitud no encuadra en el libro de los Hechos. No parece ser que Pablo, en prisión en Roma, ¡quisiera ahora un capote que habría dejado en Troas hace nueve años! Lo que probablemente sucedió es que Pablo, al salir de su primer encarcelamiento en Roma, viajó por el área del Mediterráneo y eventualmente regresó a Troas. Al estar en Troas con Carpo, fue repentinamente arrestado nuevamente; en consecuencia no pudo llevar su capote y documentos con él.

Para resumir la relación de los creyentes en Troas con Pablo, al parecer la iglesia ahí nunca fue el foco de su ministerio. Sin embargo, el grupo se benefició de su ministerio al pasar varias veces por la ciudad en camino a otros lugares. No hay registro de establecimiento de ancianos, escritura de epístolas o de atención de asuntos de la iglesia. Si esta reconstrucción de hechos es correcta, Pablo inició la iglesia con algunos discípulos en el año 55 DC, volvió a visitar a la congregación en el 57D C y alrededor del 66 DC justo antes de ser arrestado y llevado a Roma donde fue decapitado.

¡Oh, cómo me duele la cabeza!

(Esta viñeta es puramente ficción y se diseñó para ayudar al lector a entender algo de la situación y sentimientos de la gente en Troas).

Me llamo Eutico. La gente continúa preguntándome así que trataré de explicar las cosas desde mi punto de vista.

Cuando tenía doce años, un viajero se hospedó en nuestra casa. Él era un gran contador de historias y pasó mucho tiempo con mis padres. Yo escuché algunas de sus historias y debo admitir que eran muy interesantes. Hablaba acerca de un judío en Jerusalén que hizo muchos milagros y cosas de esas. Hasta, en ocasiones, les abrió los ojos a los ciegos. Pero al final no le fue bien -fue crucificado por los romanos. Me dio lástima por lo que le pasó, pero gran multitud comenzó a seguir sus ideales. El viajero aun dijo que aquel hombre había ¡vuelto a vivir! Nunca olvidaré esas historias ni al hombre que las contó.

Mis papás empezaron a reunirse con otras familias que se interesaron en todo esto y, por supuesto, yo iba con ellos. Nos gustaban las canciones y coros y la oración pero era principalmente para adultos de la edad de mis padres. Algunos varones leían las Escrituras, y trataban de relacionarlas con este hombre. Yo, en verdad, no entendía mucho de todo esto.

Un par de años más tarde mis padres y sus amigos se emocionaron cuando varios hombres de otros países llegaron. Nos dijeron acerca de sus viajes y de este Jesús que afirmaban estaba vivo, a pesar que había muerto. También nos dijeron que la visita que había estado con mis padres llegaría pronto.

Bueno, para aquel entonces yo tenía catorce. Recuerdo toda la conmoción. Estos hombres iban de casa en casa platicando con todos aquellos que quisieron escuchar. Se planeó una gran reunión para el domingo en la noche. Cuando llegó la hora estábamos todos conglomerados en un aposento alto, arriba de un mesón. Las lámparas hacían que el cuarto estuviera oloroso y con humo. Me senté en el alféizar de una ventana con algunos de mis amigos.

Cantamos algunos Salmos y luego el viajero, del cual hablé antes, empezó a hablar; era interesante. Nuestros pecados podrían ser perdonados por este hombre Jesús. Eso captó mi atención al principio pero debo decir que él continuó hablando y hablando y hablando. Después de un rato, ya no pude más -debí haberme quedado dormido (todos dicen que eso pasó), pero yo no me acuerdo. De lo que me acuerdo es que desperté en medio de gritos "¡Está vivo, no se preocupen!". Yo estaba tendido sobre el suelo y la gente hacía bulla alrededor de mí, especialmente el viajero. Yo tenía un fuerte dolor de cabeza. Debí haber caído sobre mi cabeza. Y mi espalda, y mi brazo y... bueno, todo me dolía.

Ellos me recostaron y la mayoría regresó a arriba. Mis padres se quedaron conmigo. Yo me quedé descansando un poco mareado, con mi sentido yendo y viniendo. Podía escuchar al hombre hablando allá arriba, pero sin entender lo que decía. Debí haber permanecido así por mucho tiempo porque recuerdo el amanecer. Ellos literalmente me llevaron cargando a casa.

Mientras me recuperaba en cama, tuvo mucho tiempo para pensar sobre lo que había pasado y lo que Pablo, el viajero, dijo. De hecho, debí haberme matado con esa caída Después de todo ¿a cuántos conoces que hayan caído, sobre su cabeza, desde un tercer piso y sobrevivido? Así que creo en Dios y en sanidad. De hecho, me recuperé mucho antes de lo que cualquiera pudiera esperar. Algunos dicen que fue un milagro, y yo opino lo mismo, y que fui resucitado de la muerte. De lo que estoy seguro, es que estuve inconsciente y desperté con una jaqueca mortal.

Después que todo esto pasó, las cosas se calmaron, por así decirlo. La gente se reunía los domingos y hablaban de Pablo y de Jesús. Al poco tiempo hablaban más de Jesús y menos del viajero. Pareciera que Jesús estuviera vivo y hablara con la gente. Todos decían que él era Dios. Nadie sabía por cierto donde estaba Pablo; posteriormente nos enteramos que estaba en prisión. No sabíamos si iba a salir. La vida con los romanos era difícil en aquellos días y ahora es peor aún. Muchos murieron o simplemente desaparecieron. Muchos de los más viejos se mantienen deseando que Pablo nos vuelva a visitar, pero conforme pasan los años sabemos que eso es cada vez más improbable.

Luego algo sorprendente sucedió que nos tomó con la guardia baja. ¡Pablo regresó! Esto sucedió a casi después de diez años de mi caída. Él no se quedó con mi familia en esta ocasión; se quedó con un amigo que se llama Carpo.

Para ese entonces yo tenía veinticuatro años y no podía creer que fuera realmente Pablo. Se veía bastante más viejo, pero todavía caminaba bien. ¡Estaba muy contento de verme! Se acordaba bien de aquella noche y admitió "quizá si me extendí demasiado". Me dijo más acerca de Jesús, su muerte por mis pecados y de su resurrección de los muertos. Me contó cómo Jesús lo impresionó cuando se le apareció en camino a Damasco y, cómo ahora Él gobierna desde su trono en el cielo. Con orgullo puedo decir que ¡desde aquel día yo di mi confianza a Él!

13

Colosas, Laodicea, E Hierápolis:
Tres Iglesias Que Nunca Vieron El Rostro De Pablo

Pablo no estaba personalmente familiarizado con las iglesias en las ciudades de Colosas, Laodicea e Hierápolis (Colosenses 2:1). Sin embargo él tenía alguna influencia sobre ellas porque indudablemente habían escuchado de él, por el ministerio de Epafras, un nativo de esa área. Aparentemente Epafras fue el responsable de la fundación y crecimiento de estas iglesias. Colosas, Laodicea e Hierápolis están a unos 160 kilómetros al este de Éfeso, hacia el valle del río Lico. Pablo estuvo casi tres años en Éfeso y desde allá dirigió el trabajo evangelístico por toda la porción oeste de Asia Menor durante los años 52-55 DC.

Pablo mostró conocer algo de las personas y las situaciones en Colosas que aparentemente conoció por Epafras. (Filemón 1:23). Él se dirigió a Arquipo por nombre y le dio instrucciones (Colosenses 4:17). En su carta a los cristianos colosenses, él exaltó a Cristo como Señor soberano y afrontó los problemas de legalismo, misticismo y ascetismo. Intercedió por las iglesias y solicitó oración de parte de ellos. También envió a Tíquico y a Onésimo a Colosas con información de su situación en Roma durante su arresto domiciliario.

Pablo estaba en prisión al tiempo que escribió su carta a los colosenses, alrededor del año 61 DC. Aparentemente también le escribió a la iglesia en Laodicea y les pidió que intercambiaran cartas con los colosenses (como se deduce de Colosenses 4:16).

Respecto a la iglesia en Hierápolis es poco lo que sabemos. La única referencia bíblica es la recomendación favorable de Epafras: "Porque de él doy testimonio de que tiene gran solicitud por vosotros, y por los que están en Laodicea, y los que están en Hierápolis" (Colosenses4:13).

Laodicea, que es una de las siete iglesias de Apocalipsis, era una ciudad romana y próspera cerca de Colosas e Hierápolis. El apóstol Juan, que vivió unos treinta años más que Pablo, mencionó los problemas en la congregación de los laodicenses en su libro de Apocalipsis. Parece que al pasar el tiempo los cristianos allá se volvieron complacientes, flojos y siempre son recordados como "tibios" (Apocalipsis 3:16). Luego Juan exhorta a la iglesia a que se arrepienta, que acepte la amorosa disciplina de Dios y a que escuche lo que el Espíritu estaba diciendo a las iglesias.

El cuidado de Pablo por estas iglesias va desde su tercer viaje que inició en el año 52 DC hasta su muerte alrededor del año 66 DC. Durante este período, de casi catorce años, escribió tres cartas conocidas, que posiblemente influenciaron a cada una de las iglesias -Colosenses, la desaparecida carta a Laodicenses y la carta a los Efesios, que muchos creen que fue una carta circular que se quería tuviera una amplia distribución.

Pablo también envió a dos de sus ayudantes a esa área. Tíquico, colaborador de Pablo, se describe amado y fiel hermano. Era nativo de esta área, en aquel tiempo llamada "Asia" y ahora es parte del suroeste de Turquía. Aparentemente Tíquico estaba dispuesto a ir a dondequiera Pablo lo enviara. ¡Le gustaba viajar! Él llevó las cartas a las iglesias de los Colosenses y de los Efesios alrededor del año 61 DC. Posteriormente, Tíquico viajó de nuevo a Éfeso alrededor de los años 65-66 DC para informar a los cristianos acerca de las terribles circunstancias del apóstol (2 Timoteo 4:12). Pablo se acercaba a su martirio. Al tiempo, y por el tono de su segunda carta a Timoteo, posiblemente pudo ver la inminente desgracia que se aproximaba.

Onésimo, el esclavo que había escapado y nuevo convertido al cristianismo, regresó a Colosas para hacer lo correcto con su amo Filemón, y para informar acerca de Pablo (Colosenses 4:9). Pablo esperaba visitar a Filemón, el esclavista que vivía en Colosas, y le pidió que hiciera arreglos para hospedarse allá. Pablo estaba tentado a dar órdenes a Filemón, para que aceptara de nuevo a su holgazán y culpable esclavo, pero decidió mejor convencerlo. De alguna manera Pablo sentía que Filemón le debía la vida, pero no se dan detalles. Quizá Pablo guio a Filemón a Cristo.

Cualquiera que fuera la razón, el gran apóstol no dejó visitas registradas a estas iglesias durante todo su ministerio. Pablo esperaba que la gente, a quienes les escribió, respondieran positivamente a sus epístolas; sin embargo, de los registros del Nuevo Testamento, no tenemos información de cómo la gente estimó a Pablo o cómo respondieron a sus cartas.

14

Samaria: Apóstoles De Primer Nivel Hacen Una Visita Estratégica

Samaria se localizaba a unos setenta kilómetros directamente al norte de Jerusalén. En los tiempos del Nuevo Testamento se llamaba Sebaste. (Algunos manuscritos de Hechos 8:5 dicen "una ciudad de Samaria" que puede que no sea Samaria misma, sino una ciudad de la región).

Después de iniciado el avivamiento por el ministerio de Felipe el evangelista, las noticias llegaron a la iglesia de Jerusalén. Los apóstoles en la ciudad capital se dieron cuenta de una necesidad que había en el desarrollo de la iglesia en Samaria y fueron enviados Pedro y Juan, los dos más calificados, para arreglar la situación. "porque aún no había descendido [el Espíritu Santo] sobre ninguno de ellos, sino que solamente habían sido bautizados en el nombre de Jesús" (Hechos 8:16). El. Equipo apostólico fue enviado para llevar al Espíritu Santo, junto con sus manifestaciones, al avivamiento. Los apóstoles entraron de inmediato en acción para asegurarse que, el bautismo en agua y en Espíritu Santo, se conjuntaran tanto en teología como en práctica.

Obviamente Felipe no estaba enseñando o predicando el bautismo en el Espíritu Santo a las multitudes de Samaria. Él fue lleno del Espíritu Santo (Hechos 6:3) que incluye señales y maravillas en su ministerio, pero le estaba fallando pasar esa plenitud del Espíritu a los nuevos convertidos. En Jerusalén se preocuparon tanto por esta falta que escogieron a sus más eminentes emisarios, para corregir la teología y la práctica en los creyentes en la naciente iglesia de Samaria.

Después de imponer las manos para impartir el Espíritu Santo con resultados visibles (Hechos 8:18), Pedro y Juan permanecieron lo necesario para testificar y predicar la palabra del Señor, antes de regresar a Jerusalén. En el caso de Samaria, la intervención apostólica se requirió para corregir una deficiencia en la recién formada congregación. Tal acción no se practicó generalmente con otras iglesias nacientes. Algunas congregaciones nuevas (como las de Corinto y de Berea) no recibieron por años otra visita de sus padres fundadores. Este comportamiento peculiar con Samaria demostró que no había una actitud de "dejar hacer" entre los apóstoles. Probablemente se debió a que Felipe estaba asociado con la iglesia de Samaria y los hermanos de la iglesia madre tomaron la oportunidad -de hecho, sintieron la responsabilidad- para llevar a los recién convertidos en Samaria, la experiencia plena del evangelio de Cristo.

15

Jerusalén: Oh Jerusalén, Jerusalén Que Sigues Matando A Los Profetas

Vamos a examinar cómo la iglesia de Jerusalén se relacionó con Jacobo o Santiago, Pedro, Pablo y los otros apóstoles.

Santiago, el medio hermano de Jesús, fue claramente el líder con autoridad en la iglesia de Jerusalén.

- Pablo consultó con Jacobo, y sólo con Jacobo, al inicio de su ministerio (Gálatas 1:19).
- Algunos hombres fueron de parte de Jacobo (Gálatas 2:12).
- "Haced saber esto a Jacobo", pidió Pedro (Hechos 12:17).
- "Por lo cual yo juzgo..." declaró Jacobo en el auge del concilio de Jerusalén (Hechos 15:19).
- "Y al día siguiente Pablo entró con nosotros a ver a Jacobo, y se hallaban reunidos todos los ancianos" (Hechos 21:18).

Santiago (Jacobo) escribió la epístola que lleva su nombre. Dirigió su carta a todos los cristianos judíos refiriéndose a ellos como "las doce tribus que están en la dispersión" (Santiago 1:1). Su carta fue práctica, aterrizada y muy pastoral. Aunque algunos dirán que es muy rigurosa, está llena de humildad al referirse a su congregación dispersa como "hermanos" en dieciocho ocasiones. Él escribió como lo haría hoy un pastor firme y compasivo.

Pero Santiago no fue el líder original de la iglesia de Jerusalén, Pedro originalmente asumió el papel de autoridad. Desde la etapa previa a la iglesia hasta su fundación, su discurso en Pentecostés, los primeros ministros en Jerusalén, todo fue hegemonía de Pedro. La gente esperaba aun que al menos su sombra cayera sobre uno de ellos (Hechos 5:15).

Eventualmente Santiago ganó respeto y asumió el rol de líder. Él tuvo que dirigir a otros apóstoles que estaban en la ciudad, probablemente no fue tarea fácil porque aquellos habían confiado en Jesús antes que su medio hermano lo reconociera como el Mesías. Tuvo que encargarse de la teología y doctrina de la iglesia al presidir el primer concilio general de la iglesia. Santiago tomó la decisión final que formulo el "compromiso de Jerusalén", una decisión que intentó resolver las profundas diferencias teológicas y étnicas. Santiago envió ministros (Hechos 11:22 y 15:22-29) e intentó resolver los problemas que crearon ministros independientes, que no fueron enviados por la iglesia (Hechos 15:24).

Pablo no tuvo autoridad en la iglesia de Jerusalén. De hecho muchos en la iglesia se le opusieron, lo cual fue una fuente constante de problemas y, aun, de peligros para Pablo. Justo antes de su arresto, Santiago y los ancianos trataron de prepararlo y mejorar la influencia de los judaizantes en la iglesia. Pablo comparó a la iglesia de Jerusalén con Agar afirmando que ¡era esclava y debía ser echada fuera (Gálatas 4:21-31)! Desacuerdos en la iglesia no son novedad. Aquí tenemos a un apóstol ¡criticando puntillosamente la iglesia de otro apóstol!

A pesar de las diferencias, vemos a la gracia de Dios a través de los apóstoles del Nuevo Testamento. Durante el tercer viaje misionero de Pablo, él paso la mayor parte del tiempo y de esfuerzo en organizar una colecta para ayudar a la iglesia en Jerusalén. La iglesia allá había abandonado su experimento de una economía en una comuna y habían caído en una tribulación de hambre inducida. Por iniciativa de Pablo, las iglesias de lo que es ahora Turquía, Grecia y Bulgaria colectaron ofrendas que Pablo, y otros, llevaron a los necesitados en Jerusalén.

Con Santiago y la iglesia de Jerusalén vemos un modelo totalmente distinto, de apóstol y su relación con la congregación local, a la que vemos en el resto del Nuevo testamento. El Nuevo Testamento no registra viajes de Santiago a otras ciudades para esparcir el evangelio, plantar iglesias, o para resolver problemas eclesiásticos. Él fue un apóstol -hogareño que sirvió como pastor- líder de la primerísima iglesia de sus días.

¿Cómo pastorearías una iglesia como la de Jerusalén? ¿Cómo sostendrías aceite en tu mano? Los pastores fundadores tienen una autoridad automática porque son los primeros y únicos líderes del grupo. Pero Santiago no fundó la iglesia en Jerusalén. El Pentecostés y el derramamiento desde el cielo del Espíritu encendieron el principio. Santiago sólo fue uno de los 120 que estuvieron presentes el día del Pentecostés (Hechos 1:15). Los apóstoles originales se enseñorearon de él. Obviamente Pedro tomó el liderato al principio. La iglesia empezó a crecer espontánea y rápidamente. Miles fueron añadidos en una ocasión, todos nuevos creyentes. Al principio hubo una unidad asombrosa (Hechos 2:42 ss.), pero diferencias raciales y teológicas surgieron en breve. La naciente iglesia resolvió algunos problemas fácilmente (Hechos 6); pero otros nunca fueron resueltos.

Dos problemas continuaron flagelando a la congregación de Jerusalén, tal y como flagelan a las iglesias de los días modernos. Primero estaba el problema de los ministros independientes que no veían la necesidad de colaborar con los líderes que Dios puso en la iglesia. Hechos 15:24 registra el hecho de "que algunos que han salido de nosotros, a los cuales no dimos orden, os han inquietado con palabras". La iglesia de Jerusalén parece como un gigante amorfo que tiene un amplio espectro de actitudes y doctrinas. No todos se sujetaron al pastor Santiago o a algún otro apóstol. Como en nuestros días, el espíritu de independencia atribuló desde los días del Nuevo Testamento (2 Juan 1:7 ss.) el caso de Diótrefes en 3a de Juan 1:9-11 y muchas otras referencias.

El segundo problema sin resolver en la iglesia de Jerusalén fue el papel de "la Ley" en la vida del creyente. La mayoría de los comentaristas minimizan el alcance, la fuerza y el compromiso con la Ley del Antiguo Testamento que tenía la iglesia que Santiago quería pastorear. Probablemente él trató de resolver este asunto a través de llamar la atención de los creyentes judíos hacia "perfecta ley de la libertad" (Santiago 1:25) y a la "ley real" del amor (Santiago 2:8), pero la profunda corriente de la Ley fue una fuerza que no pudo contener. Trató de advertir a Pablo "Ya ves, hermano, cuántos millares de judíos hay que han creído; y todos son celosos por la ley" (Hechos 21:20). Nótese claramente que estos judíos eran creyentes, en otras palabras, miembros de la iglesia de Santiago. Pablo escuchó la advertencia y actuó conforme al consejo del apóstol-pastor, pero sin resultados. Algunos de estos miles se levantaron violentamente y tumultuosamente fueron contra Pablo, unos días después.

¿Cómo se relacionó la iglesia de Jerusalén con Santiago? La carta que lleva su nombre está dirigida "a las doce tribus que están en la dispersión" o sea que nos dice poco acerca de la iglesia en esa ciudad. Del reporte del concilio de Jerusalén se deduce que los ancianos de la iglesia tenían un gran respeto por Santiago y su liderazgo (Hechos 15:23). Aunque en Hechos 15:22 la mención "con toda la iglesia" da la impresión de unidad en la decisión de seleccionar delegados a Antioquía, es claro por los eventos que se registraron después en la Escritura que cualquier unidad teológica inicial, respecto al papel de la Ley, duró poco. Judaizantes de la iglesia de Jerusalén continuaron plagando a los nuevos creyentes en toda la región del Mediterráneo.

Durante mucha parte de la era del Nuevo Testamento, la ciudad de Jerusalén fue un caldo de cultivo de disensión en contra de la autoridad romana. La iglesia de Jerusalén misma fue dispersada y martirizada durante el asedio romano y en la destrucción de la ciudad en el año 70 DC.

16

Cesarea: La Iglesia Que Socorrió A Un Apóstol

Una de las ciudades más imponentes del antiguo cercano oriente, Cesarea, estaba sobre la orilla del Mar Mediterráneo, alrededor de unos treinta y cinco kilómetros al sur de Tiro y unos noventa y cinco kilómetros al noroeste de Jerusalén. Fue la principal ciudad romana de Judea y estaba poblada principalmente por gentiles. Los gobernadores romanos habitaron allá tal como lo hicieron los reyes de la casa de Herodes. El inmenso palacio de Herodes ha sido descubierto, así como el gran teatro y el hipódromo. El agua era suplida por dos acueductos construidos por los romanos, cuyas ruinas son impresionantes para los visitantes de hoy. Cesará fue el asiento del gobierno y de la milicia y, llegó a ser el centro de comercio de toda Judea.

Felipe el evangelista fue el primero en llevar el cristianismo a esta próspera metrópolis. Fue aquí donde Dios preparó tanto a un centurión romano, Cornelio, como a un apóstol judío, Pedro, a través de visones sobrenaturales para derribar el, aparentemente impenetrable, muro entre los creyentes judíos y gentiles. Cuánto la comunidad de la fe creció, no lo sabemos. Pero lo que sí sabemos es que fue una comunidad próspera que se movió en los dones del Espíritu Santo, mostrando actos de misericordia y dando la bienvenida a los ministerios itinerantes.

Pablo tuvo varios encuentros con Cesarea y la iglesia allá. Al principio de su vida cristiana, Pablo escapó vía Cesarea hacia Tarso, cuando huía de los judíos helenísticos en Jerusalén que intentaban matarlo (Hechos 9:29-30). Mucho después, alrededor del año 52 DC, Pablo y sus compañeros acordaron visitar a la iglesia de Cesarea, en la ruta de regreso de su segundo viaje misionero.

El siguiente encuentro de Pablo con la iglesia sucedió cerca de cinco años más tarde, probablemente en el año 57 DC. Hechos 21:8-16 nos ofrece una visión a los fascinantes eventos. Pablo estaba en la casa de Felipe, uno de los siete ayudantes originales de los apóstoles en Jerusalén. Felipe fue uno de los colaboradores al tiempo en que Esteban fue lapidado en las atrocidades del Sanedrín. "Y Saulo [Pablo] consentía [de corazón] en su muerte" (Hechos 8:1). De hecho, la lapidación de Esteban agitó tanto al joven Saulo que inició una persecución general en contra de los cristianos. Pablo estaba tan enfurecido que "asolaba la iglesia, y entrando casa por casa, arrastraba a hombres y a mujeres, y los entregaba en la cárcel" (Hechos 8:3). Pero ahora, Felipe le dio la bienvenida a Pablo, el homicida-cómplice de su viejo amigo, y ¡lo recibió en su casa!

Pablo, Lucas y sus compañeros estuvieron varios días en Cesarea antes de que un profeta llamado Agabo profetizara dramáticamente que Pablo sería capturado en Jerusalén. Pablo rechazó, por terquedad o por otro motivo, dar oído a las advertencias; estaba determinado en ir a Jerusalén. Un motivo fue ciertamente llevar la tan anunciada ofrenda de las iglesias gentiles para los necesitados en Jerusalén. Varios discípulos de Cesarea acompañaron al séquito hasta la ciudad.

Era cosa de días o semanas antes de que Pablo se hallara de regreso en Cesarea, pero ahora en cadenas. Aquí fue juzgado ante Félix, el procurador romano de Judea. Pablo estuvo dos largos años, probablemente del 57 al 59 DC, preso en Cesarea. Sin lugar a dudas, durante este tiempo los discípulos lo visitaron y le llevaron comida, ropa y consuelo. Pablo testificó ampliamente al gobernador Félix y, posteriormente, a Festo su sucesor. El rey de Judea, Herodes Agripa II, y su esposa Berenice también escucharon el evangelio de labios de Pablo durante uno de sus juicios en esta ciudad. En el otoño del año 59 DC, Pablo apeló al César. El gobernador Festo entonces lo envió a Roma.

Pablo, el cómplice asesino es perdonado

(Esta viñeta es puramente ficticia. Se incluye para ayudar al lector a percibir el sentir y la emoción de la iglesia en relación al apóstol).

Las hijas de Felipe estaban en otro de sus frecuentes y animados paseos. Cuando la mayor llevó la conversación al visitante que recién llegó a casa, Pablo, al que algunos llamaban el evangelista, el que había comido de sus alimentos y dormido bajo su techo no hace mucho tiempo.

"Ha cambiado", dijo Ruth. "Dale una oportunidad, todo el mal que hizo sucedió hace muchos años. Él es distinto ahora; eso dice papá"

"Lo sé, lo sé y aun mamá lo deja quedarse aquí" dijo Raquel, al tiempo que se ablandaba un poco. "Pero nunca olvidaré lo que nos contaron cuando éramos más chicas de cómo entraba en las casas como un gánster, ataba a las mujeres y hombres y dejaba a los niños llorando sin que nadie los cuidara. ¿Cómo pudo papá perdonar a este tipo cuando él mismo lo vio vitoreando a aquellos que mataba a Esteban?"

"Ya sabes la respuesta. Tú también estás perdonada" dijo Ruth suavemente, tratando de apaciguar la situación.

"Bueno, quizá. ¡Pero yo nunca he matado a nadie-todavía!

"Como sea, simplemente perdonémoslo. El hombre está encerrado en el palacio de Herodes ahora mismo. No puede hacerte daño, ni a nadie más. Como sabes, de vez en vez alguno de nosotros va a allá para llevarle pan y tratar de animarlo. Es más agradable de lo que te imaginas. Y ¡qué buen contador de historias es! ¿Por qué no nos acompañas uno de estos días, Raquel?

"No sé, para mí es un hombre misterioso. Escucho muchas cosas grandes acerca de él. Pero no he visto que haya hecho algo grande aquí. Estuvo por acá unos días hace unos cinco años; pero nada pasó. Luego volvió hace un par de semanas. Todos, incluyendo los ancianos de la iglesia, le dieron la bienvenida como si fuera un hermano que se hubiera perdido hace mucho tiempo. Luego todos le advertimos que no subiera a Jerusalén, pero fue de todas maneras. Es un terco. Es controversial. Y ahora está en prisión. ¿Por qué no nos hizo caso? Y para colmo, estando en la prisión de Herodes se metió en más problemas. ¿Quién sabe qué más va a suceder?

"Cierto Raquel, ¿Quién sabe qué más va a suceder...?"

17

Roma: Ciudad De Los Sueños

Que los hombres sean atraídos por las posiciones de poder y de prestigio no es un secreto. San pablo no fue una excepción a esta atracción. Por años expresó su deseo de ir a la poderosa ciudad situada sobre siete colinas, la capital del imperio del cual era ciudadano. Este deseo se manifestó desde el año 57 DC cuando propuso sus planes en un largo itinerario. Le dijo a sus amigos "me será necesario ver también a Roma" al finalizar su ministerio en Éfeso.

Desde Éfeso el apóstol viajó a Corinto colectando fondos para los pobres en Jerusalén. En Corinto el deseo de ver Roma y ministrar a los santos en la poderosa metrópolis quizá alcanzó su máximo esplendor. La carta a los cristianos en Roma ciertamente no fue casual, de bote-pronto. Sino que, fue un tratado bien pensado que trata con asuntos complejos doctrinales y prácticos. Su carta termina con el muy discutido capítulo dieciséis de Romanos. En este capítulo, él se refiere por nombre a veintiséis individuos y a cinco iglesias en casa. Pablo se presentó a sí mismo, se invitó a ministrar a los cristianos en Roma y preparó el terreno para lo que esperaba fuera un ministerio inevitable allá. Pasaron casi tres años antes de que llegara y, luego, ¡fue apresado!

¿Quién plantó la iglesia de Roma? Nadie lo sabe, pero una cosa es generalmente aceptada -que no fue ni Pedro ni Pablo. ¿Fueron Priscila y Aquila que estuvieron en Cristo antes que Pablo? ¿Fueron algunos viajeros romanos que estuvieron en Jerusalén el día de Pentecostés? ¿Se pudo haber iniciado por diferentes personas en diferentes ocasiones? Después de todo, "todos los caminos conducen a Roma" y la población de la ciudad era aproximadamente de un millón en los tiempos de Pablo.

Cuando un cristiano occidental típico, del siglo veintiuno piensa en una iglesia, generalmente imagina un edificio con un pastor y una reunión congregacional adentro. Ninguno de estos elementos fue común en la iglesia en Roma del primer siglo. Lo más probable es que fuera pequeña, con grupo aislados que se reunían en casas, departamentos y, aun en cuevas. El liderazgo se iba formando y era empírico. Aun pensar que todos los cristianos en Roma se reunieran ha sido inimaginable, especialmente después del año 64 DC cuando Nerón empezó a masacrar a los cristianos.

La Biblia no menciona a Pedro en Roma, ni una sola vez. Sin embargo, está su referencia enigmática a Babilonia en Primera de Pedro 5:13. Babilonia generalmente se consideraba como una referencia a Roma por aquellos que querían evitarse problemas con las autoridades romanas que se oponían a la cristiandad, considerada como una secta judía que generaba problemas.

Pablo, desde su estatus de prisionero, bajo arresto domiciliario, no podía reunir una asamblea general de la iglesia de Roma. Sin embargo, al inicio de su reclusión en Roma, pudo llamar a varios líderes judíos para explicarles las acusaciones contra de él y para presentarles el evangelio del reino (Hechos 28:17-29).

Él disfrutaba de cierta libertad, la cual usó con toda ventaja. Vivía en un domicilio alquilado por él, pero estaba encadenado, al menos parte del tiempo, a varios miembros de la guardia pretoriana. Al parecer los guardias se rotaban rutinariamente mientras él tenía su "audiencia cautiva" con quienes podía compartir las buenas nuevas de Cristo. Al escribir a los creyentes en Filipos dice "las cosas que me han sucedido, han redundado más bien para el progreso del evangelio, de tal manera que mis prisiones se han hecho patentes en Cristo en todo el pretorio [guardia pretoriana], y a todos los demás. Y la mayoría de los hermanos, cobrando ánimo en el Señor con mis prisiones, se atreven mucho más a hablar la palabra sin temor" (Filipenses 1:12-14).

La llegada de Pablo a Roma levantó controversia en, al menos, dos grupos. Algunos líderes judíos se le oponían (Hechos 28:24-28). Aun algunos cristianos evangelistas no tenían paz con Pablo. Pablo acusó a estos testigos de tener motivos impuros, envidia, ambición personal, y que le querían causar aflicciones (Filipenses 1:15-17). Claramente algunos miembros de la iglesia en la ciudad capital tenían una relación ríspida con el apóstol.

Sobre todo, parece que Pablo pudo hacer lo que quiso la mayor parte del tiempo que estuvo en Roma a pesar de su confinamiento. Envió, llamó y dirigió a varios de sus leales colaboradores. A través de sus cartas podía ayudar en algunas iglesias que él y su equipo plantaron, que son Éfeso, Colosas, Laodicea y Filipo. "Y Pablo permaneció dos años enteros en una casa alquilada, y recibía a todos los que a él venían, predicando el reino de Dios y enseñando acerca del Señor Jesucristo, abiertamente y sin impedimento" (Hechos 28:30-31).

Diario imaginario de la antigua Roma

(Este diario ficticio es de un hombre de familia cristiana llamado Urbano, judío con mucho tiempo de residencia en Roma. Había sido obligado a salir de Roma en el año 49 DC cuando el emperador Claudio expulsó a todos los judíos de la ciudad, pero regresó dos y medio años más tarde. Urbano vende artículos de piel y, cuando es necesario, trabaja en una talabartería).

Martes, 1° de diciembre, 61 DC

Hace frío ¡brrrr! Me tuve que poner una capa más para protegerme del viento en la talabartería. Espero que la familia en casa esté lo suficientemente caliente.

Miércoles, 2 de diciembre

Desayuné bien rico antes de irme a trabajar. Pescado, queso, vino y pan - ¡Qué manera de empezar! ¡Me encantó! Trabajé mucho, como siempre. Hablé largo y tendido con Luigi.

Jueves, 3 de diciembre

La reunión de hoy estuvo bendecida, principalmente las oraciones. Pasamos mucho tiempo orando por Tadeo y su familia porque murió su nueva hija de disentería. La semana pasada esperábamos que se recuperara, pero fue en vano. Pobres de Tadeo y su esposa.

Viernes, 4 de diciembre

Día de ayuno. Oré mucho por Tadeo y su esposa.

Sábado, 5 de diciembre

Estuve un tiempo con Simón. Hace muchas preguntas pero está temeroso de comprometerse, por el momento, con nosotros. Su jefe y sus compañeros de trabajo lo desaniman, es más, lo amenazan y se burlan de él por pensar en los "mitos judíos" y en la resurrección. He orado por él y por su joven esposa.

Domingo, 6 de diciembre

Adoración matutina en casa de Zebedeo. Nos tuvimos que cambiar de la calle Montaña porque el lugar estaba abarrotado, habría más lugar para todos nosotros. Compartí del primero de Samuel acerca del respeto que David le tenía a Saúl. David no alzaría ni un dedo en contra del ungido de Dios. Tengo que decirlo porque no todos respetan a Hermes, nuestro hermano y líder. Y.

Hermes no siempre está bien, pero al menos está abierto al Espíritu Santo. Lo que realmente necesitamos es alguien que sepa las respuestas. Algunos dicen que así o asá y otros dicen que han oído algo más de Dios. Esto me recuerda que algunos planean cruzar la ciudad para visitar pronto a Pablo en la prisión. Quizá él podría ayudarnos. ¿Cada vez que se habla en lenguas, se deben interpretar? ¿Pueden las mujeres ser ancianas en la iglesia? Discusiones, discusiones y más discusiones, pero lo que nosotros necesitamos son respuestas.

Lunes, 7 de diciembre

Trabajar, trabajar, trabajar. Me da gusto cuando me pagan y que al menos uno de los chavos está abierto al evangelio. Al saber de Pablo, realmente me anima a abrir la boca en el trabajo. Muchos se han animado por su ejemplo. Si él puede predicar a Cristo abiertamente, estando en cadenas, ¡nosotros también podemos!

Martes, 8 de diciembre

Julia se enfermó anoche, pero parece que amaneció mejor. ¿Deberíamos llamar a los ancianos de la iglesia para que vengan a orar por ella? Por lo pronto no, mi esposa y yo lo vamos a hacer. Amado Dios, por favor fortalece a nuestra pequeña Julia. Por favor Dios, ¡ayúdala ahora!

Miércoles, 9 de diciembre

Julia está mejor hoy, ¡gracias Dios!

Jueves, 10 de diciembre

(Nada escrito)

Viernes, 11 de diciembre

Día de ayuno. Es difícil ayunar y trabajar al mismo tiempo, pero Hermes dice que Dios habló que todos deberíamos de ayunar. Como quiera que sea, gracias a Dios ya es noche y tenemos una casa y una cama cómoda y calientita.

Sábado, 12 de diciembre

Trabajé todo el día, me voy a la cama temprano. Mañana hay reunión.

Domingo, 13 de diciembre

Me gustaría tener mejores ofrendas, pero cuando encontramos al pequeño Josué llorando y casi muerto en la basura, simplemente lo recogimos. Algunas familias de la iglesia han adoptado a pequeños del mismo basurero. Si ellos pueden hacer un esfuerzo de adoptar a otro, además de los propios, nosotros también podemos. Nosotros como cristianos no podemos dejar morir a estos preciosos pequeñitos. Danos el alimento que necesitamos, oh Dios, en la medida que amamos y hacemos tu voluntad.

Un ministro de La Casa del Valle nos visitó y habló hoy. Él es un tipo interesante e intelectual. Dice que Hulda la profetisa habló a los ancianos y que nosotros también debemos tener mujeres en el ministerio. Pero Hermes no piensa así. Afortunadamente no se hizo mucha discusión, ¿cuál es tu voluntad, oh Dios?

Lunes, 14 de diciembre
Me gustaría que tuviéramos una casa mejor. Hubo dos pequeños incendios en esta vecindad en los últimos días. Uno de estos días todo el vecindario puede convertirse en humo.

Martes, 15 de diciembre
Los vecinos se espían unos a otros, a pesar de que algunos son parientes. Las cosas se están poniendo difíciles y, no es de extrañarse, porque el gobierno recompensa a los informantes con la casa, y los bienes, de aquel a quien acusen; ya no estamos seguros. ¡Protégenos, oh Dios!

Miércoles, 16 de diciembre
(Nada escrito)

Jueves, 17 de diciembre
Salmo 34:4 "Busqué a Jehová, y él me oyó, Y me libró de todos mis temores".

Viernes, 18 de diciembre
Me fue bien con el ayuno hoy; tuve energía interna. Luigi hizo un montón de preguntas; es un buen pensador. Algunas las pude responder. Sigo invitándolo a la iglesia en casa de Zebedeo. Hermes tiene algunos otros escritos allá; ya le dije que yo sólo tengo la Tora, Samuel y Salmos.

Sábado, 19 de diciembre
Hermes se va a ir mañana, para hablar en la Casa del Valle. Me toca dirigir la reunión, tengo que estar preparado.

Domingo, 20 de diciembre
Se fue Hermes. Todos querían hablar. Hubo muchas lenguas e interpretaciones, algunas eran canciones. Volví a enseñar. Algunas profecías dijeron que deberíamos ser más abiertos en cuanto a nuestra fe y, al mismo tiempo, demandar más nuestros derechos. Otras dijeron que deberíamos esperar en el Señor y que Él nos honraría. Todo iba bien hasta que algunas de las mujeres quisieron hablar y otras fuertemente se oponían. Cerré la reunión y restauré algo de la paz. ¿Pueden hablar las mujeres en la iglesia o no? Todo

esto me hizo desear hacer un viaje a visitar a Pablo. Dos líderes de la iglesia de la Avenida del Arroyo planean ir la siguiente semana. Uno de ellos se fue caminando hasta el Foro de Apio para ver a Pablo, recién llegó bajo custodia. Él ayudó acompañando a Pablo de regreso a Roma, así que, lo conoce muy bien. Nos va tomar casi todo el día ir con Pablo y regresar y, aunque puede ser peligroso, vale la pena. Hasta donde sabemos, todavía está en prisión.

Lunes, 21 de diciembre

Babilonia piensa que nosotros somos una secta judía. Por mí no hay problema, mientras tengamos alguna protección por ello. Después de todo, yo soy hebreo. Pero gracias Señor Jesús por mostrarte a mí como el Mesías. No tenemos mucha protección por acá, las cosas se están calentando de nuevo. Marcela y su familia han "desaparecido". Algunos no quieren que los vean con nosotros.

Según escuchamos, las cosas se han puesto peor, mucho peor en Judea. ¡Gracias a Dios estamos en Roma!

Martes, 22 de diciembre

Algunos varones de otra iglesia en casa vinieron hoy a visitarme después de salir de trabajar. Ellos son de un grupo que se reúne los sábados. Ya sé de sus ideas: como los judíos nosotros siempre nos reunimos los sábados. No tengo nada en contra, excepto que nuestro Señor resucitó el primer día de la semana y, para honrarlo a Él, no voy a regresar a la vieja costumbre. Espero que estos amigos no creen confusión en nuestra congregación. Si quiere adorar en sábado, ¡que lo hagan!

Miércoles, 23 de diciembre

Para mi querido esposo Urbano-

Hallé tu diario abierto sobre la mesa. Se te debe haber olvidado guardarlo. Me sentí tentada a leer todo lo que has escrito, pero no te preocupes, ¡pude resistir! (Quizá tuve miedo de leer lo que pudiste escribir acerca de mí). Como quiera que sea, lo que yo quiero es que tú sepas cuánto te admiro y respeto. En particular honro tu manera en cómo entrenas a los muchachos. Con amor, Ruth.

Jueves, 24 de diciembre

Hoy en la reunión de oración decidimos sólo orar, sin discutir nada más; buena decisión. Un buen tiempo de oración, particularmente por las autoridades y por protección. La familia de Jonás necesita ropa así que todos decidimos poner manos a la obra y ayudar, ya que muchos lo pueden hacer. Pedí por dirección, ¿alguno de nosotros debería ir a ver a Pablo? Ninguno de nuestra congregación lo ha visto jamás, pero algunos de los líderes de las otras iglesias lo vieron, la primera vez que vino a Roma. Es impresionante cómo escribe, como lo vimos en su carta hace un par de años.

Viernes, 25 de diciembre

Día de ayuno. La gracia de Dios estuvo sobre mí. Los niños más grandes también están ayunando. Gloria a Dios por Ruth, tan diligente. Ella ha dado un gran ejemplo a los niños.

Sábado, 26 de diciembre

Algunos de nosotros desean empezar a reunirse el sábado. Parece ser que los judaizantes han visitado a varios de nuestro grupo. Hermes lo manejó bien. Dijo que si alguno se quiere reunir en sábado, pueden reunirse con ese grupo. En cuanto a nosotros continuaremos el primer día de la semana. Estoy contento.

Mañana me reuniré con Malco y otro amigo para visitar a Pablo. Lo hemos pensado y planeado desde hace tiempo. Espero que todo salga bien.

Domingo, 27 de diciembre

(Nada escrito)

Lunes 28 de diciembre

Reporte del viaje de ayer: Los tres - Malco, Johanan y yo empezamos antes que amaneciera nuestro viaje de horas para visitar al venerable apóstol. Llegamos a nuestro destino a media mañana. Sorprendentemente, se le permitió rentar un apartamento, por su cuenta, en un conjunto de casas en una zona residencial. Aunque estaba encadenado a un horrible guardia, parecía relajado y dispuesto a recibirnos. Sin perder tiempo, empezó a hablar de Jesús y del reino de Dios. Cristianos de la ciudad llegaron, pasando en grupos de dos o tres. Pablo daba la bienvenida tanto a hombres como a mujeres. Tenía muchos pergaminos pero habló de su corazón del gobierno, la familia y acontecimientos recientes. Parecía que él pensaba que su liberación era inminente. Le pedimos su opinión durante una buena parte del día y luego, nos dimos cuenta que era tiempo de regresar a casa, ¡vaya día! No hubo nada que él pudiera hacer para ayudar a nuestra pequeña iglesia, pero regresamos con una visión mejor de Dios y lo que está por venir.

Martes, 29 de diciembre

Aun saboreando la experiencia con Pablo. Dos cosas realmente me impresionaron. Una, parece que realmente ama al Señor y, segunda, conoce las Escrituras como la alma de su mano. Nos exhortó a que consiguiéramos copias de sus cartas y que las circuláramos. También nos aconsejó a hacer uso de nuestra libertad en el Espíritu Santo, aprender a amar a la gente y a disfrutar el Nuevo Pacto, sin retroceder a la antigua ley.

Miércoles, 30 de diciembre

Hoy me di tiempo para jugar con los niños. Jugamos a la pelota y luego dimos una buena caminada al arroyo, después que terminé la venta. ¡Muy buenas ventas también! Los niños disfrutaron el paseo y yo también. En el camino les hablé todo acerca de mi visita al hombre que está en prisión.

Jueves, 31 de diciembre

En la reunión de hoy en la noche, oramos y pasé el resto de la reunión relatándoles nuestra conversación con Pablo. Todos estuvieron interesados porque habían escuchado de él y de sus cartas, pero nunca lo han visto cara a cara. Su énfasis en el amor y en el seguir al Espíritu Santo parece que ministró a todos. Ahora termina otro año. ¡Gracias, Señor Jesús, por permitirnos vivir otro día!

18

Creta: Cómo Tratar Con Gente Difícil

"Por esta causa te dejé en Creta, para que corrigieses lo deficiente, y establecieses ancianos en cada ciudad, así como yo te mandé" (Tito 1:5). De esta cita, parece que Pablo visitó la isla de Creta algún tiempo después de su liberación de la prisión en Roma. Esta visita no puede armonizarse con la secuencia registrada en Hechos, así que, debió haber sucedido después de su liberación. Algunos hacen la conjetura de que Pablo evangelizó la isla durante su escala en Buenos Puertos en su camino a Roma como prisionero. Casi seguro esta especulación no sucedido porque Lucas no nos indica siquiera que Pablo haya puesto un pie en la isla, en aquella ocasión.

Todo lo que sabemos de las iglesias en Creta viene de la carta de Pablo a Tito, alrededor del año 65 DC. Las iglesias en la isla no tenían un liderazgo establecido y, al parecer, necesitaban de la enseñanza e instrucción más fundamentales. Pablo delegó autoridad a Tito para establecer ancianos en cada ciudad. Le recordó a Tito que enseñara a los nuevos cristianos a trabajar duro y a respetar a las autoridades gubernamentales.

Pablo mostró sentido de responsabilidad para la vida y bienestar de las iglesias nuevas. Parecía que consideraba a los cretenses como gente difícil para trabajar con ellos y cita aun a un profeta nativo que dijo "Uno de ellos, su propio profeta, dijo: Los cretenses, siempre mentirosos, malas bestias, glotones ociosos". (Tito 1:12).

Pablo ejerció su autoridad personal a través de Tito. Le ordenó a su ayudante "repréndelos duramente, para que sean sanos en la fe" (Tito 1:13). Si bien, Pablo no dijo explícitamente a los cretenses que lo obedecieran como apóstol, le escribe a Tito "exhorta y reprende con toda autoridad" (Tito 2:15).

También en Tito 3:18 declara su voluntad, a través de Tito de insistir con firmeza para que la gente obedezca a las autoridades gubernamentales, la moral y la doctrina de la gracia. El método de Pablo para lidiar con gente difícil fue una promulgación gozosa de la rica gracia de Dos acoplada con una voz fuerte y mano dura del ministro. Una de las tácticas de Pablo fue inundar a las iglesias con una variedad de ministros visitantes. Tito, Artemas o Tíquico, Apolos y Zenas, todos ellos, pudieron haber servido en las iglesias de Creta.

19

Damasco: Cambio De Juego Y Cambio De Nombre

Que existiera una iglesia en Damasco es evidente a partir de Hechos 9:19 "Y habiendo tomado alimento, recobró fuerzas. Y estuvo Saulo [recién convertido, bautizado y curado] por algunos días con los discípulos que estaban en Damasco". Si los otros discípulos eran como Ananías ¡qué iglesia sería! El instructor Divino le pidió a este discípulo, hasta ahora desconocido, que arriesgara su cuello. ¿Cómo te caería que tuvieras una visión con instrucciones de ir a orar por el líder del movimiento que determinó matarte? Después de una breve discusión con el señor, Ananías obedientemente hizo su tarea.

La ciudad era un centro de actividad, mercantil y comercial. Caminos muy transitados del norte, sur, este y oeste se intersectaban en Damasco. La ciudad se localizaba en la llanura este, anidada al pie del gran monte Hermón. La calle Derecha, a donde se le dijo al discípulo Ananías que localizaría al ciego Saulo, tenía como kilómetro y medio de largo y a sus lados se encontraban bazares populares y distritos de comercio. Ananías halló al humilde y ciego futuro misionero, e impuso las manos y entregó su mensaje fielmente. Saulo de inmediato recobró la vista y fue lleno con el Espíritu Santo.

El creyente, recién lleno del Espíritu, vino a ser una especie de hombre temerario que inmediatamente proclamaba a Cristo como Hijo de Dios, confundiendo a judíos, gentiles, creyentes y paganos - de hecho "todos los que lo oían, quedaban atónitos" (Hechos 9:21). ¿Qué tan efectiva fue su predicación? No sabemos el número de convertidos pero él fue muy convincente. Estaba ganando a tantos que los judíos hicieron un complot para asesinarlo. Sus seguidores lo evitaron al idear un escape nocturno, lo bajaron en una canasta por el muro de la ciudad.

Aunque Saulo (Pablo) no inició la iglesia damascena, ciertamente la activó e incrementó su número. El predicó ahí "muchos días" (Hechos 9:23); cuando el partió "las iglesias tenían paz" (Hechos 9:31) y se acrecentaban.

En cuanto a referencias en la Escrituras, aquel que vino a ser el apóstol más prominente de todos, jamás regresó a ministrar a Damasco. Tampoco hay registro de que él intentara ejercer autoridad en la iglesia o hacer algún seguimiento de los nuevos convertidos. Pablo y Bernabé, acompañados por Judas y Silas, pudieron haber llegado a Damasco después del concilio de Jerusalén en el 49 DC. Aunque Damasco se encontraba muy cerca de la carretera que lleva a Antioquía, parece que no se detuvieron allá; el registro escrito establece únicamente que ellos regresaron a su hogar base en Antioquía.

Junto con otras congregaciones de la época del Nuevo Testamento, la iglesia de Damasco funcionó bien sin supervisión apostólica conocida.

20

Esmirna, Pérgamo, Tiatira, Sardis, Filadelfia: Iglesias Del Apocalipsis

El libro de Apocalipsis enumera siete iglesias (capítulos 2-3): Éfeso, Esmirna, Pérgamo, Tiatira, Sardis, Filadelfia y Laodicea. La Biblia da información suficiente acerca de Éfeso y Laodicea que ameritan un tratamiento por separado en este libro; este capítulo agrupa a las demás iglesias. ¿Cómo estas cinco iglesias de la actual Turquía se relacionaron con los apóstoles?

Las siete se plantaron bajo el paraguas del ministerio de Pablo en Éfeso que inició alrededor del año 52 DC y continuó por cerca de tres años. Estas siete iglesias están en un arco con radio de 240 kilómetros de Éfeso. No se os dice si Pablo mismo alguna vez viajó a estas ciudades circunvecinas o si envió colaboradores. Lo que sabemos es que Epafras originalmente predicó el evangelio y plantó la iglesia en Laodicea.

Pablo dejó Éfeso, en la península de Asia Menor, alrededor del año 55 DC y continuó al norte y al oeste, revisitando congregaciones y evangelizando hasta llegar a la costa del Mar Adriático. La extensión de su alcance es sorprendente considerando el terreno y las condiciones de viaje de aquellos tiempos. A su regreso, unos tres años más tarde (57 DC), llamó a los ancianos de las iglesias cercanas a Éfeso para despedirse de ellos en un adiós final. Líderes de algunas de estas iglesias pudieron haberse reunido en Mileto, una ciudad porteña a unos cincuenta y cinco kilómetros al sur de Éfeso, y escucharon el discurso de despedida de Pablo. Después de su conmovedor mensaje "Entonces hubo gran llanto de todos; y echándose al cuello de Pablo, le besaban, doliéndose en gran manera por la palabra que dijo, de que no verían más su rostro" (Hechos 20:37-38). El registro no indica cuáles ancianos de iglesia fueron invitados. Pérgamo está a unos 240 kilómetros de Mileto, así que difícilmente alguien desde esa distancia pudo haber hecho el viaje, sin previo aviso.

Pablo no estableció ningún obispo, apóstol o supervisor para las iglesias de esta área, a pesar de que sabía de las divisiones y problemas que les vendrían. Se despidió, les anunció que no verían más su rostro y partió encomendándolos a Dios y a la palabra de su Gracia (Hechos 20:17-38).

Muchos estudiosos creen que después que Pablo fue liberado, de la prisión en Roma, viajó por el área del Mediterráneo y continuó su ministerio. La carta a Timoteo, probablemente escrita en el año 63 DC, no encaja en la secuencia de eventos den Hechos (véase el capítulo 11 para una mejor explicación). La carta a Timoteo aparentemente fue escrita después del primer encarcelamiento de Pablo en Roma. En ella, el mentor se dirige al joven Timoteo para "que te quedases en Éfeso, cuando fui a Macedonia, para que mandases a algunos que no enseñen diferente doctrina" (1 Timoteo 1:3). Es probable que Timoteo viajara desde Éfeso hacia otras iglesias, pero no hay registros de esto.

Timoteo es considerado, por Pablo, como apóstol en primera a Tesalonicenses 1:1 junto con 2:6, que fue escrita alrededor del año 50 DC, unos trece años antes de la encomienda a Timoteo en Éfeso. Pablo encomendó a Timoteo funciones típicas de un apóstol. Así que, después de una pausa de unos siete u ocho años (del año 55 o 56 DC al 63 DC), la iglesia en Éfeso recibió a un nuevo apóstol. ¿Cuánto tiempo estuvo él allá? No se nos dice con certeza, pero aparentemente Pablo removió a su joven protegido de Éfeso alrededor del año 66 DC (2 Timoteo 4:9, 21).

Después de Timoteo, Juan ejerció una influencia apostólica en el área de Asia Menor. Él es, por supuesto, el autor del Apocalipsis y se dirige directamente a los pastores y gente de las siete iglesias. Al parecer, Juan tuvo un conocimiento íntimo de cada una de estas iglesias, la mayoría de las cuales se deslizaron en errores y lamentables situaciones. Conoció y trató de corregir con una gama de problemas. Por ejemplo-

- La iglesia de Éfeso había perdido su "primer amor".
- La tribulación y pobreza de Esmirna.
- El lugar del trono de Satanás (el sitio del primer templo de culto al César), en Pérgamo.
- Jezabel, una profetiza que condujo a la iglesia de Tiatira a inmoralidad.
- La reputación de la iglesia en Sardis de estar viva, pero en realidad eran "cristianos muertos".
- La debilidad de la iglesia en Filadelfia, aunque no se habían desviado.

• Lo tibio de la iglesia en Laodicea, tal como su fuente de agua que era tibia.

Es difícil resumir las relaciones entre los apóstoles y las iglesias en Asia Menor. Hallamos mucha variedad ante la escasa información. Sabemos que durante el período de una generación tres bien conocidas figuras apostólicas ejercieron influencia en el área -Pablo, Timoteo y Juan. Durante siete u ocho años, entre Pablo y Timoteo, parece que no tuvieron apóstol en la escena. Y, después que Timoteo partió ¿qué tanto tardó Juan en aparecer? No se nos dice.

Mucho de la obra se hizo a través de delegados, a menudo cristianos muy jóvenes. Pablo y Juan eran veteranos; Timoteo era un novicio, que recibió instrucción de cosas básicas de la iglesia como las características de los diáconos. Epafras inició iglesias. Pablo y Juan ejercieron influencias a través de cartas escritas. Los ancianos locales y los miembros llevaron a las iglesias adelante. A pesar de los problemas, las iglesias vivieron y aun prosperaron. Los historiadores registran que la iglesia estuvo tan arraigada que continuó, ininterrumpidamente, ¡por cerca de 100 generaciones![10]

---

[10] Bruce, 288

21

Iglesias Menos Conocidas Del Nuevo Testamento: Las Últimas Pero No Insignificantes

¿Qué es una iglesia? Aunque a través de la historia se han ofrecido varias definiciones, yo sugiero la siguiente: La iglesia es la asamblea de los redimidos - gente llamada a salir pare reunirse para escuchar lo que dice Dios.[11]

El tamaño y la organización no son factores definitorios. "Porque donde están dos o tres congregados en mi nombre, allí estoy yo en medio de ellos" (Mt. 18:20). De acuerdo a esta definición, una iglesia puede ser tan pequeña como cuando dos o tres discípulos se reúnen en la presencia de Jesucristo, en los tiempos del Nuevo Testamento esto era a menudo el caso. Leemos acerca de los amigos de Pablo en Sidón (Hechos 27:3) y que "habiendo hallado hermanos" en su viaje a Roma (Hechos 28:13).

En el primer siglo DC, la iglesia se reunía en casas más que en propiedades de la iglesia. Iglesias en casa eran la norma y muchos grupos pequeños de creyentes sin nombre y no mencionados sin duda abundaron en el mapa del oriente medio.

En este capítulo se examinan las iglesias pequeñas y menos conocidas mencionadas a lo largo del Nuevo Testamento. La Escritura se refiere específicamente a cuatro iglesias en casa.

Priscila y Aquila hospedaron una iglesia en su casa tanto cuando vivieron en Éfeso (1 Corintios 16:19) y después cuando regresaron a Roma (Romanos

---

16:5). La casa de Ninfas también fue una iglesia, como se registra en Colosenses 4:15. Filemón que vivió en el área de Colosas dirigió una iglesia en su casa (Filemón 1:1-2).

En el segundo viaje misionero de Pablo en el año 49 DC, con Silas (Silvano) su nuevo acompañante, se detuvo en varias iglesias en el camino para animarlas. Pablo "pasó por Siria y Cilicia, confirmando a las iglesias" (Hechos 15:41). ¿Quién inició estas iglesias? No sabemos pero ¿Es posible, y probable, que Pablo haya ganado convertidos y plantado iglesias en sus primeros días como creyente? Al parecer el apóstol no estuvo nada más meditando en cómo preparar su mensaje, sino que estuvo evangelizando activamente, en el área por donde vivía, durante nueve años (Hechos 9:30). Como quiera que sea, él encontró una puerta abierta en estas iglesias y probablemente visitó algunas de ellas durante su tercer viaje misionero.

La situación en el pueblo natal de Pablo, Tarso, una ciudad al sur Cilicia sigue siendo un misterio. ¿Hubo iglesia en Tarso? La Biblia no indica ni un sí, ni un no. Pero si Pablo no estuvo ministrando efectivamente en Tarso, entonces Bernabé no hubiera viajado allá para llevarlo a ministrar a Antioquía. Si se formaron iglesias en Tarso, sería sorprendente que Pablo no estableciera otro contacto con los discípulos de allá, después del inicio de su tercer viaje misionero en el año 52 DC.

Al salir de Derbe y Listra, en el segundo viaje misionero, Pablo y Silas se encaminaron hacia el oeste de la península de Asia Menor. Al pasar por varias ciudades ellos tuvieron tiempo para entregar los decretos del concilio de Jerusalén. Esta fueron iglesias en la región de Frigia y el sur de Galacia. Lucas anotó que estas iglesias "eran confirmadas en la fe, y aumentaban en número cada día" (Hechos 16:5).

Hechos 15:3 dice de Pablo y Bernabé "Ellos, pues, habiendo sido encaminados por la iglesia, pasaron por Fenicia y Samaria... causaban gran gozo a todos los hermanos". Al parecer grupos de cristianos se reunían en estas áreas.

Hechos 27:3 menciona a los amigos de Pablo en Sidón que lo refrescaron durante su cautividad en su viaje a Roma. F. F. Bruce anota "En Sidón había una iglesia cristiana que probablemente se fundó durante la persecución que se desató después de la muerte de Esteban" (Hechos 11:19).[12] Estos amigos ministraron a Pablo, lo que probablemente indica que el pasó algún tiempo con ellos en uno o más de sus primeros viajes por la región.

---

[12] F. F. Bruce, Comentario al Libro de los Hechos (Grand Rapids: Erdmans, 1977), 502

La situación en Tolemaida fue similar a la de Sidón. Los hermanos allá recibieron saludos de Pablo y lo hospedaron a él, y a su comitiva, el día anterior a que partiera hacia Cesarea. Jesús había dejado un legado fuerte e influyente en esta área costera cerca de Tiro y de Sidón. Anteriormente había sanado a la hija de una mujer sirio fenicia en Tiro, no muy lejos e Tolemaida (Mateo 15:22 ss). Lucas reporta "Y [Jesús] se detuvo en un lugar llano, en compañía de sus discípulos y de una gran multitud de gente de toda Judea, de Jerusalén y de la costa de Tiro y de Sidón, que había venido para oírle, y para ser sanados de sus enfermedades; y los que habían sido atormentados de espíritus inmundos eran sanados" (Lucas 6:17-18). Jesús sembró las semillas, proclamó Su reino y prometió edificar Su iglesia. Este trabajo de edificación lo dejó al ministerio competente del Espíritu Santo. Aunque no se nos dice cuál era la situación de la iglesia en estas regiones, el apóstol Pablo no se sintió obligado a estar con ellos y ministrarles.

Cencrea (aún se llama así) era la ciudad portuaria oriental de Corinto, localizada a 10 kilómetros de ésta. Sabemos que la iglesia se desarrolló más o menos bien porque Febe es mencionada como una diaconisa de la iglesia en Romanos 16:1. Ella pudo haber sido una diaconisa en el sentido oficial de la palabra; por otro lado, el título "diaconisa" puede simplemente indicar que era una trabajadora en la iglesia en la que se podía confiar. Como quiera que haya sido, ella era suficientemente conocida por Pablo para (al parecer) ser la mensajera de la famosa epístola a los romanos. La única otra referencia a Cencrea en el Nuevo Testamento es cuando Pablo se detuvo a cortarse el cabello antes de partir de viaje a Jerusalén (Hechos 18:18).

Lucas, el historiador que viajaba con Pablo, escribió cuando se aproximaban a Roma "llegamos al segundo día a Puteoli, donde habiendo hallado hermanos, nos rogaron que nos quedásemos con ellos siete días" (Hechos 28:13-14). No se nos dice cómo Pablo y compañía localizaron a los hermanos en Puteoli. Al parecer algunos de la compañía fueron fijándose hasta que los "hallaron". Sucedió que eran hospitalarios y retuvieron al grupo toda la semana.

La iglesia temprana se esparció rápidamente por toda Judea. Hechos 9:32 relata que Pedro fue a los santos que vivían en Lida. Debido a la dramática curación del paralítico Eneas "le vieron todos los que habitaban en Lida y en Sarón, los cuales se convirtieron al Señor" (Hechos 9:35). Un evento similar sucedió en Jope a través del ministerio de Pedro cuando una mujer muerta llamada Tabita fue resucitada. "Esto fue notorio en toda Jope, y muchos creyeron en el Señor" (Hechos 9:42). Pedro permaneció en Jope, probablemente ministrando a nuevos convertidos. ¿Habrá regresado alguna vez a esta área? De nuevo, la Biblia guarda silencio.

Después de viajar por África, tengo un aprecio fresco por las la abundantes Escrituras muestran la obra interna de Dios, el Espíritu Santo. "Porque Dios es el que en vosotros produce así el querer como el hacer, por su buena voluntad" Filipenses 2:13). Dios obra en los creyentes, aun cuando los ministros, tales como apóstoles y pastores, están ausentes. Los pastores africanos con los que he tenido el privilegio de estar, tienen poca o ninguna preparación, pero tienen un conocimiento de Dios que supera a los graduados de seminarios de hoy. ¿Cómo obtuvieron esta profundidad? ¿Cómo aprendieron? Ellos son evidencias vivas de las palabras de Jesús acerca del Espíritu Santo "Él os enseñará todas las cosas (Juan 14-26).

Un buen trabajador es uno que toma un trabajo, se enfoca en la tarea y persevera hasta que lo termina. En este caso, Dios es el Trabajador, que energiza el espíritu interior de los nuevos creyentes, les enseña constantemente y los transforma a la imagen de Cristo Jesús. Con esto en mente, el apóstol Pablo pudo escribir "estando persuadido de esto, que el que comenzó en vosotros la buena obra, la perfeccionará [la completará] hasta el día de Jesucristo" (Filipenses 1:6).

Así concluye nuestro estudio de caso por caso de cada iglesia mencionada en el Nuevo Testamento. Debe ser obvio que ningún pastor se volvió un "dictador" o "señor feudal" sobre ninguna iglesia o individuo. Simplemente los apóstoles no estuvieron presentes por tanto tiempo como para ejercer control sobre la gente.

¿Qué hay acerca de conceptos de autoridad y modelos de relaciones en el Nuevo Testamento? ¿Hay un modelo en el Nuevo Testamento? En la sección tres tratamos estas preguntas.

SECCIÓN TRES

RELACIONES QUE DAN VIDA

22

El Caso De Corinto: ¿Puede La Iglesia De Los Corintios Servir Como Un Modelo Para La Relación Entre La Iglesia Y Los Apóstoles?

La iglesia de los corintios y Pablo desarrollaron una relación especial. Cualquier esfuerzo para usar a Corinto como un patrón universal para la relación apostólica con la iglesia pasa por alto la naturaleza inusual de esta relación. ¿En qué fue diferente la relación de la iglesia de los corintios con Pablo respecto al resto de las iglesias? Las diferencias son muchas y variadas.

La iglesia de los corintios recibió cuatro epístolas conocidas de Pablo; hasta donde los documentos del Nuevo Testamento muestran, la mayoría de las iglesias no recibieron cartas de él. Las dos cartas que se conocen como la primera y segunda a los Corintios son más extensas; el resto de las cartas registradas en el Nuevo Testamento son breves, con excepción de la disertación a los Romanos.

En la correspondencia a los corintios Pablo dedica capítulos enteros a instrucciones detalladas con respecto a preguntas y problemas; en las epístolas a otras iglesias había si acaso alguna alusión a problemas en ella. Por ejemplo a los corintios Pablo les escribió tres capítulos relacionados con los alimentos; a otras iglesias difícilmente se halla una referencia al tema. A los corintios Pablo les escribió tres capítulos de instrucciones relacionadas al uso apropiado de los dones espirituales; otras iglesias recibieron poca o ninguna instrucción. Los corintios recibieron veintiséis versículos de enseñanza relacionados con la cena del Señor; otras iglesias no recibieron instrucción alguna.

Todas las iglesias del Nuevo Testamento experimentaron problemas, pero el conjunto de dificultades en Corinto fue más extenso que la de cualquier otra congregación. Las cartas de Pablo detallan y exponen los asuntos internos de la iglesia de Corinto mucho más que cualquier otra iglesia.

Pablo reclama su derecho en Corinto a recibir remuneración financiera, pero no se aprovechó de ello. En cambio, él trabajó con su propias manos para suplir sus necesidades (Hechos 18:3, 2 Corintios 11:7 ss., 12:13). A los Filipenses, de quienes sí recibió apoyo, les enfatizó el gran aprecio que tuvo por sus dones voluntarios (Filipenses 4:16-18).

Pablo ejerció una autoridad mayor y más rigurosa en Corinto que en cualquier otra iglesia. No tengo conocimiento de que Pablo explícitamente declarara tener autoridad sobre alguna iglesia. Él algunas veces emitió mandamientos y a menudo declaró la autoridad de Cristo, pero lo más que puedo encontrar, él no declaró estar "sobre" una iglesia o sobre un individuo. Esto contrasta con el hecho de que en varias ocasiones él se refiere a las autoridades locales como obispos -supervisores- (Filipenses 1:1, Hechos 20.28, 1 Timoteo 3:1).

A la iglesia en Corinto, Pablo le advirtió que él podría usar la autoridad que Dios le había dado, si era necesario. "Oramos a Dios para que no hagan lo malo al rechazar nuestra corrección. Espero que no tengamos necesidad de demostrar nuestra autoridad cuando lleguemos" (2 Corintios 13:7, 10; traducción libre). Parece que Pablo siempre estuvo consciente del hecho de que cualquier autoridad que tuviera venía de Dios y que se debía usar sólo para edificar y no para destruir. "Porque aunque me gloríe algo más todavía de nuestra autoridad, la cual el Señor nos dio para edificación y no para vuestra destrucción, no me avergonzaré" (2 Corintios 10:8).

En ocasiones el apóstol amenazó a la gente de la iglesia de Corinto. Fuera de Corinto ¿hay algún otro caso? en que el apóstol hablara funestamente como "¿Qué queréis? ¿Iré a vosotros con vara, o con amor y espíritu de mansedumbre?" (1 Corintios 4:21). "y estando prontos para castigar toda desobediencia, cuando vuestra obediencia sea perfecta" (2 Corintios 10:6). ¿En dónde más Pablo amenazó a los discípulos con palabras como éstas? Esta iglesia en particular y Pablo habían entrado en una relación única.

Los miembros de la iglesia de Corinto dudaban que Pablo fuera un apóstol genuino. La gente de Corinto lo orilló a que vigorosamente defendiera su apostolado (2 Corintios 12.11, 1 Corintios 9.3 ss.). El batalló para establecer su posición como verdadero apóstol. "y pienso que en nada he sido inferior a aquellos grandes apóstoles" (2 Corintios 11:5). De nuevo, en su última carta conocida a los corintios, sintió la necesidad de dedicar tres capítulos enteros a fortalecer sus credenciales apostólicas a ojos del pueblo (2 Corintios 10-12).

Corinto recibió una atención más especial que cualquier otra iglesia. Las cartas a los Corintios llevaban una lucha apasionada de su líder para establecer su lugar en el corazón y las mentes de los convertidos. Después de fundar otras iglesias, como Berea, Troas, Derbe y, en particular, Éfeso, donde evitaron una parada rápida (Hechos 20.16), donde Pablo trabajó a distancia. No fue así con Corinto; en este caso escogió ir y tener una relación cercana y personal.

Pablo se salió de su ruta para tratar de atender los problemas en Corinto. En el año 55 o 56 DC, interrumpió su ministerio floreciente en Éfeso para hacer una excursión rápida (y dolorosa) a través del Mar Egeo, en un intento de detener los explosivos problemas en Corinto. De nuevo, un año más tarde, hizo casi lo mismo y dejó abruptamente a Troas. Así, preocupado por la gente de Corinto, Pablo cerró la puerta del ministerio en Troas para rápidamente comunicarse con Tito que regresaba con noticias de Corinto. Pablo estaba tan alterado que no tuvo reposo hasta que recibió de Tito el reporte de Corinto, una iglesia muy amada en su corazón (2 Corintios 2:12-13, 7:5-6). ¿Hubo alguna otra congregación en todo el Nuevo Testamento que recibiera tal atención? Las Escrituras no la mencionan.

Corinto no puede ser apartada del cuerpo de correspondencia del Nuevo Testamento. Aquellos ministros que se refieren a Corinto únicamente -con el consecuente menosprecio a las otras relaciones de la iglesia con el apóstol- tienden a ser supervisores autoritarios más que siervos humildes. Como resultado, algunos apóstoles talentosos se convierten en dictadores, teniendo dominio sobre el rebaño del Señor más que andar en humildad y edificando el cuerpo de Cristo. Con mucho dolor he visto apóstoles llenos del Espíritu Santo, que obran milagros, que dominan, abusan y ridiculizan a sus colaboradores.

Al mismo tiempo, otras relaciones iglesia y apóstol no pueden separarse de la de Corinto. Algunas iglesias en particular pueden requerir un liderazgo autoritario, de un equipo apostólico aprobado, para llevar a la iglesia a su pleno potencial. Si se falla en ejercer una autoridad apostólica cuando se requiere puede conducir a la iglesia, y a sus miembros, a paralizarse y desmoralizarse. Para mi mayor gozo, he visto repetidamente que una sola visita apostólica, a menudo con ministración profética, ha prevenido o resuelto problemas difíciles, inspirado a pastores, dado visión y llevado a la congregación entera a un servicio mayor.

Dado que la relación entre la iglesia de Corinto y Pablo fue especial, no puede usarse como un modelo exclusivo para la iglesia de hoy y las relaciones apostólicas.

Cristo es la cabeza de Su cuerpo y ha establecido ministros para traer tanto el orden divino como el gozo a Su iglesia. Para que estos objetivos se cumplan un líder debe tener una relación de servicio con la iglesia local y debe haber "crucificado" su voluntad personal. Los modelos pueden ser de ayuda, pero cada situación en la iglesia es especial. Es esencial depender del Espíritu Santo.

El asunto de la autoridad en las iglesias a menudo ha lastimado a ministros y a congregaciones. Por fortuna el Nuevo Testamento ofrece directrices y hermosea las relaciones de las iglesias y los apóstoles. El capítulo 23 presenta un conocimiento profundo en asuntos relacionados en cómo los apóstoles en el Nuevo Testamento ejercen su autoridad al servir a las iglesias locales.

23

¿Qué Tipo De Autoridad Ejercieron Los Apóstoles En Las Iglesias Locales?

"Toda potestad me es dada en el cielo y en la tierra" afirmó Jesús justo antes de ascender al cielo en forma resucitada (Mateo 28:18). Él ha sido dado como cabeza sobre todas las cosas a la iglesia (Efesios 1.22).

Montones de tratados y libros se han escrito con respecto a los apóstoles y el ejercicio de la autoridad apostólica en las iglesias. El asunto de la autoridad apostólica no es tema central de este libro. Nuestro propósito aquí se concentra en las diferentes formas en que las iglesias locales responden a varias figuras apostólicas descritas en el Nuevo Testamento. Sin embargo, es apropiado algunos pensamientos breves sobre el tema de la autoridad apostólica en general.

Mucho de la satisfacción y éxito en la vida depende en el cultivo de las relaciones. La autoridad -cómo la usamos y respondemos a ella- es un factor mayor en cualquier relación. Esto es evidente en el trabajo, la casa, la iglesia y en cualquier otra esfera social.

En el Nuevo Testamento la autoridad natural y orgánica que surge de las relaciones fue la norma de interacciones saludables. Como resultado, descubrimos un inmenso conjunto de formas con varias figuras de autoridad. La personalidad, la edad y experiencia de un ministro obviamente afecta su liderazgo. El Nuevo Testamento no muestra un patrón fijo de qué tanta o qué tipo de autoridad se les confirió a los apóstoles.

Muchos factores afectan a relación con la autoridad tales como la cultura, la edad, la experiencia, la estación en la vida, la personalidad, la aptitud, el linaje, el género, el llamamiento, el tiempo de conocerse y la gracia de Dios. Además, las relacionas sanas cambian. El uso saludable de la autoridad y nuestra respuesta a ella debe ser fluida y flexible, nunca rígida e incapaz de cambiar. Mi hermana y su marido cuidaron a mi mamá y papá a medida que ellos avanzaban en sus noventas. Un día mi mamá contenta me dijo "Kris y Gary nos cuidan muy bien. Nosotros fuimos sus padres, ahora nuestra relación ha cambiado. Ellos son como nuestros padres y nosotros como sus hijos. Tenemos que hacer lo que ellos nos dicen".

Dios es quien da la autoridad y ay de aquella persona o iglesia que hace caso omiso de ella. Si despreciamos a la autoridad es a nuestro costo y riesgo. Un propósito de la autoridad es traer gozo. Pablo escribió "No que nos enseñoreemos de vuestra fe, sino que colaboramos para vuestro gozo" (2 Corintios 1:24). Y de nuevo en Filipenses 1:25 el establece "aún permaneceré con todos vosotros, para vuestro provecho y gozo de la fe". Por supuesto se requiere correspondencia. "completad mi gozo, sintiendo lo mismo, teniendo el mismo amor, unánimes, sintiendo una misma cosa" (Filipenses 2:2).

Al fundar una iglesia un apóstol se convierte en el padre espiritual de los nuevos convertidos. Él da las enseñanzas básicas y las tradiciones que serán normas para la gente. Naturalmente los nuevos convertidos a Cristo verán a su primer maestro con gratitud y respeto.

Para la mayoría de las congregaciones el papel de la autoridad apostólica no es problema. La dirección, guía y enseñanza fluyen naturalmente de los labios o de la pluma del líder. La mayoría de la epístolas paulinas tienen una serie de imperativos tales como "perseverad en la oración" (Colosenses 4:2), o "Mirad que ninguno pague a otro mal por mal" (1 Tesalonicenses 5:15). Algunas incluyen mandamientos específicos o exhortaciones a la obediencia. En lo general las iglesias fueron "apremiadas" o "animadas" o movidas por el "deseo" del apóstol. Sin embargo, en Corinto, el asunto de la autoridad fue un asunto mayor. Primera de Corintios 1-4 y Segunda de Corintios 10-12 y otras referencias le dedican mayor espacio al asunto de la autoridad al Pablo tratar de ayudar a la gente y afirmar su papel en la iglesia. Su motivo, por supuesto, fue edificar al pueblo y no destruirlo (1 Corintios 5:4, 5; 2 Corintios 13:10). "No que nos enseñoreemos de vuestra fe, sino que colaboramos para vuestro gozo; porque por la fe estáis firmes" (2 Corintios 1:24).

La personalidad del apóstol afecta el cómo usa la autoridad que le dio Dios. El nuevo Testamento muestra una amplia variedad de personalidades apostólicas. Santiago parecía ser un tipo de persona autoritaria. Él tenía tal ímpetu que fue indiscutiblemente el líder de los ancianos y ancianos en La iglesia de Jerusalén. Él dio el veredicto final y decisivo en el Concilio de Jerusalén en el año 49 DC. Y lo escribió en forma de mandamiento con uso frecuente de imperativos. Irónicamente, no quiso o no pudo controlar a los legalistas de su misma congregación (Hechos 21:21 ss.).

Timoteo era tímido, pero llamado por Dios como apóstol. El joven e inexperto Timoteo tuvo poca autoridad en Corinto; al parecer Tito tuvo una personalidad más fuerte y fue más efectivo. Pablo parecía tener una personalidad autoritaria, líder entre los varones, tan entusiasta que congregaciones enteras estuvieron dispuestas a obedecer sus mandamientos. Juan, al menos en sus últimos años, fue notablemente relajado. Cuando surgió el problema con Diótrefes en una de las iglesias, Juan escribió una carta, pero no estuvo empecinado en tratar con el problema. "Por esta causa, si yo fuere, recordaré las obras que hace" [énfasis añadido] (3 Juan 1:10).

Hay un océano de diferencia entre un "apóstol general" y un "apóstol gobernante en la iglesia local". Por ejemplo, Santiago ejerció la autoridad final en la iglesia de Jerusalén, pero en su epístola a las doce tribus en la dispersión sólo lleva el peso de su nombre. Él no tenía autoridad directa sobre una iglesia local, por ejemplo, en Galacia. Tanto su liderazgo en la iglesia de Jerusalén como y su influencia hacia afuera, en comunidades en la dispersión, fueron enérgicos, pero en formas muy diferentes.

¿Tenían los apóstoles el derecho a remuneración económica y a recibir el sustento de las iglesias locales? Pablo proclamó un enfático "sí" a esta pregunta. Él afirmó, sin lugar a dudas, que un apóstol tenía ese derecho (la palabra griega que se usa es exousia, generalmente se traduce "autoridad"), para cosechar los beneficios materiales de aquellos en los que hubo plantado bendiciones espirituales. No sólo los apóstoles, sino a todos aquellos que proclaman el evangelio les fue ordenado que reciban su sustento del evangelio. Aunque Pablo tuvo la autoridad de recibir fondos para su propio sustento, el escogió no usar de ese derecho sino que trabajó con sus propias manos, para no poner obstáculos al evangelio (1 Corintios 9:6-18).

El concepto personal que tiene cada apóstol de lo que es la ley y la gracia afectan el uso de su autoridad. Santiago estuvo consciente del legalismo en la iglesia que el pastoreó y, al parecer, él mismo nunca estuvo totalmente libre del mismo. Pedro y aun Bernabé fueron atrapados por el legalismo en Antioquía, lo cual pudo haber influido la manera en que ellos trataron con las personas y a las iglesias. Pablo, el máximo ejemplo de un apóstol del Nuevo Testamento, vino a ser la personificación de un fundador de iglesias que estuvo dispuesto a dar gracia y libertad a las iglesias.

Pablo no dudó en establecer tradiciones y enseñanzas básicas para la fe, pero hizo todo lo posible por evitar el legalismo. Los judaizantes fueron anatema para él; estos legalistas recibieron la más fuerte crítica. "Como antes

hemos dicho, también ahora lo repito: Si alguno os predica diferente evangelio del que habéis recibido, sea anatema" (Gálatas 1:9). En otras palabras "que se vayan al infierno ellos en lugar de ustedes". Y de nuevo, "¡Ojalá se mutilasen los que os perturban!"
(Gálatas 5:12).

Con relación a la autoridad, descubrimos el verdadero corazón de Pablo. Él fue, y claramente es, el apóstol liberado de las fuerzas externas de la ley y dispuesto a ser "prisionero" para la obra interna del Espíritu Santo. ¿Cómo sucedió que este fariseo de fariseos fue librado de toda una vida de apego a la Ley? Toda su estructura de su alma fue rígidamente formada al apegarse a un conjunto de reglas. ¿Qué fue lo que provocó un cambio de paradigma de tal magnitud? Después de todo, Pablo había seguido, al extremo, a la Ley -su luz guía-. Él afirmaba ser irreprensible con respecto a la Ley (Filipenses 3:4-6). Él sobresalió sobre todos sus compatriotas en guardar la Ley. Como quiera, ¿a dónde lo llevo la Ley? Como un caballo con anteojeras, fue conducido a una trayectoria de total destrucción. Pero en el camino a Damasco, las anteojeras le fueron arrancadas por la destellante revelación del Mesías viviente.

No es de sorprender que Pablo desplazo a la Ley fuertemente tanto en su teología como en ejercicio de la autoridad en las iglesias. ¡La Ley lo condujo al desastre -sin Cristo y sin salvación! La nueva luz de Cristo, que vio por primera vez en el camino a Damasco, posteriormente brilló continuamente a través del Espíritu Santo, para convertirse en su luz guía. En Gálatas, Pablo unió cuatro fuerzas, cada una reemplazó a la Ley dramáticamente.

1)   La fe obra por el amor (Gálatas 5:6). La fe en Cristo conecta a un hombre con el Mesías mismo. El Cristo resucitado obra poderosamente dentro del hombre. El crucificado es ahora el conquistador. Cristo captura al hombre a través de la fe; su cautividad es tal que se vuelve esclavo de Cristo. En esta nueva relación la fe obrando por el amor energiza un nuevo tipo de vida.

2)   El amor. El amor es el reemplazo supremo de la Ley "Porque toda la ley en esta sola palabra se cumple: Amarás a tu prójimo como a ti mismo" (Gálatas 5:14).

3)   El Espíritu Santo. "Digo, pues: Andad en el Espíritu, y no satisfagáis los deseos de la carne" (Gálatas 5:16-17). El apóstol testificó de su propia experiencia. Él siguió tenazmente a la Ley y eso lo perdió -¡había perdido al Mesías! Ahora el promulgaba algo -alguien- más poderoso. Para estar seguro que no sería malinterpretado, reiteró: "Pero si sois guiados por el Espíritu, no estáis bajo la ley" (Gálatas 5:18).

4)	La crucifixión. "Pero los que son de Cristo han crucificado la carne con sus pasiones y deseos" (Gálatas 5:24). Para Pablo, "la carne" representaba una naturaleza inferior, la ley del pecado. Sus detractores lo acusaron de ser condescendiente con el pecado. Pero Pablo respondió "¡No! Las fuerzas internas de Dios son dramáticamente más poderosas que cualquiera externa. Tu única esperanza es el poder interior".

Pablo descartó a la Ley por ser una guía insegura para la vida. Ella produjo el efecto contrario que lo que hizo la gracia de Dios en él. La Ley le trajo muerte a través del pecado. "Y yo sin la ley vivía en un tiempo; pero venido el mandamiento, el pecado revivió y yo morí. Y hallé que el mismo mandamiento que era para vida, a mí me resultó para muerte..." (Romanos 7:9-10).

Porque yo por la Ley soy muerto a la Ley (Gálatas 2:19). Dado que él conoció tanto la debilidad de la Ley y la fortaleza del poder interior del Espíritu Santo, entonces no permitió que nada, ni nadie -ni hombre, ni reglamento- usurpara el lugar de Cristo y que llegara a enseñorearse de las iglesias que fundó. En particular, no permitió que él mismo viniera a ser un control externo de la iglesia local. Él estuvo determinado a conducir a las iglesias con amor. Aun a la iglesia de Corinto, con a que batalló por su lugar de autoridad, les escribió la frase inmortal: "el amor de Cristo nos constriñe (controla)" (2 Corintios 5:14).

De nuevo con Filemón vemos este mismo principio de dirección a través del amor, en lugar de gobierno vía la Ley.

"Por lo cual, aunque tengo mucha libertad en Cristo para mandarte lo que conviene, más bien te ruego por amor, siendo como soy, Pablo ya anciano, y ahora, además, prisionero de Jesucristo; te ruego por mi hijo... pero nada quise hacer sin tu consentimiento, para que tu favor no fuese como de necesidad, sino voluntario." (Filemón 8-10, 14).

El apóstol continúa estas palabras de gracia con un "empujoncito": "Te he escrito confiando en tu obediencia, sabiendo que harás aún más de lo que te digo" (Filemón 21).

¿Qué otro apóstol demostró su autoridad a través de un liderazgo de amor en lugar de reglas externas? El apóstol Juan, que fue "hijo del trueno", maduró para ser conocido por su amabilidad. Él prefirió resaltar los mandamientos de Cristo que dar sus propios mandamientos (2 Juan 5-6).

Finalmente, depende del poder espiritual o la llamada "autoridad en el Espíritu". Cuando Pedro pasaba por algún lugar, en ocasiones su sombra sanaba a los enfermos (Hechos 5:15-16). No leemos de un poder similar en Apolos o en Tito o en la mayoría de los demás apóstoles que se mencionan en las páginas del Nuevo Testamento.

Queda un factor, quizá más crucial que cualquier otro, que es cómo los apóstoles del Nuevo Testamento ejercieron su autoridad. La relación entre apóstoles e iglesias refleja una relación padre-hijo. El entendimiento que los apóstoles tuvieron de este concepto contribuyó significativamente con el crecimiento dinámico de la iglesia primitiva. En el capítulo siguiente vemos como la edad y madurez de una iglesia local determina el uso y la extensión de la autoridad apostólica.

24

¿Cómo Entendieron Los Apóstoles Su Relación Con Las Iglesias Locales?

Existe una gran variedad de formas en las que la iglesia del Nuevo Testamento se relacionó con los apóstoles. Roma, por ejemplo, tuvo una relación muy diferente con Pablo que la que tuvo Corinto. Pablo fundó la iglesia en Corinto; a Roma él llegó encadenado a una iglesia establecida con un liderazgo establecido. Su servicio en Roma estuvo limitado a la autoridad espiritual que le reconocieron, a la enseñanza y a la extensión del reino a través de evangelismo personal o en grupos pequeños.

Santiago parecía tener una autoridad incuestionable sobre la iglesia en Jerusalén y escribió una carta universal a "las doce tribus en la dispersión" (Santiago 1:1). Él pudo influir positivamente a estos judío-cristianos pero, además de ello, no tuvo mayor autoridad. Lo mismo es para con Pedro; él escribió cartas y ministró eficazmente pero nunca ejerció una autoridad pastoral o apostólica sobre la iglesia, al menos en cuanto al registro del Nuevo Testamento se refiere. Timoteo y Tito sirvieron inicialmente como emisarios temporales de Pablo. Ellos hicieron de todo, desde mensajeros hasta líderes temporales en varias ocasiones y en diferentes iglesias.

El apóstol Pablo tuvo un concepto bien desarrollado de su relación con las iglesias locales que él fundó. A los Tesalonicenses Pablo se consideró como una madre que cría a sus hijos (1 Tesalonicenses 2:7). En el mismo sentido, él se refirió a sí mismo como un padre con sus hijos (1 Tesalonicenses 2:11). También se refirió a otros ministros como tutores (o ayos) con los corintios pero, el reclamó que su relación era más íntima y más estrecha (1 Corintios 4:15).

Estas relaciones apóstol-iglesia basadas sobre conceptos de relaciones familiares resultaron del cómo las relaciones naturalmente evolucionaron. Individuos e iglesias que fueron cuidados, protegidos y alimentados por un apóstol permitieron que en forma natural tomaran la forma de madre o padre de ellos.

Jesús mismo puso los cimientos para estas relaciones de tipo familiar. Jesús enseñó que el contacto constante con la tercera Persona de la Trinidad produciría una relación padre-hijo con el Espíritu Santo, Jesús prometió "No os dejaré huérfanos; vendré a vosotros [en la persona del Espíritu Santo] (Juan 14:18). Así, él comunicó su permanente relación paternal con sus discípulos.

Además, otros tipos de líder-aprendiz se encuentran en el Nuevo Testamento. Jesús usó las analogías del maestro-estudiante y del pastor-oveja en manera positiva. También usó el lenguaje del amo y el esclavo con sus discípulos, pero rehusó dejar ese concepto para futuras generaciones "Ya no os llamaré siervos (esclavos), porque el siervo (esclavo) no sabe lo que hace su señor (amo); pero os he llamado amigos, porque todas las cosas que oí de mi Padre, os las he dado a conocer" (Juan 15:15).

El más común y más desarrollado concepto de relación apóstol-iglesia es la figura de padre-hijos. No solamente Pablo sino también Juan usaron "Hijitos míos, estas cosas os escribo para que no pequéis..." (1 Juan 2:1). Al menos una docena de ocasiones Juan llama a los miembros de la iglesia "hijitos". El anciano apóstol Juan denota el crecimiento o madurez de las personas. El hace diferencia entre hijos, jóvenes y padres y trata a cada uno conforme a su edad o madurez.

Para el que escribe, el concepto padre-hijo es la ilustración más apremiante, natural y satisfactoria de la relación apóstol-iglesia. La belleza de este concepto descansa en el hecho de que casi todo mundo lo entiende por su propia experiencia familiar y, también permite los cambios debidos al crecimiento conforme el tiempo pasa. De la misma manera en que un padre trata de forma diferente a su hijo de veinte años que al de dos, así se espera que una iglesia madura tenga una relación diferente con un apóstol que cuando apenas empezaba.

En la relación familiar natural, la relación padre-hijo generalmente incluye una fuerte crianza y control cuando el hijo es pequeño. Cuando el hijo crece, tanto el padre como el hijo disfrutan de más y más independencia. Un padre por lo general anima, aún en situaciones riesgosas, a que su hijo crezca y madure. Dios diseñó el control inicial para transformarse en un consejo divino. Mantener a un hijo en la niñez o adolescencia demuestra un carácter disfuncional o defecto en la virilidad del padre.

Lo mismo es cierto en una relación apóstol-iglesia: el apóstol que engendra una congregación debe necesariamente ejercer un control inicial y proceder hacia la meta de llevar a independencia a sus amados. Pablo ciertamente usó este modelo. En todo caso, pudo ser acusado de ¡descuidar a las nuevas iglesias!

¿Por qué estas nacientes iglesias fueron tan exitosas? ¿No fue porque fueron dejadas a que se sumergieran o flotaran por ellas mismas? ¿No fueron forzadas a recurrir al Señor, por ellas mismas? Y ¿no tuvo Pablo tal confianza en "el que comenzó en vosotros la buena obra, la perfeccionará hasta el día de Jesucristo" (Filipenses 1:6)? ¿Cuál fue la fuente de su confianza? ¿No fue la oración de Jesús "como tú, oh Padre, en mí, y yo en ti, que también ellos sean uno en nosotros" (Juan 17:21)? Sobre todo, Pablo fue un hombre de fe -una fe entrenada por Dios en el desierto (Gálatas 1:17) que podía también entrenar a sus nuevos convertidos.

Al mismo tiempo que esa práctica apostólica y movilidad enfatizaron su gran confianza en Dios, el factor humano no fue ignorado. Ciertos rasgos de la relación iglesia y apóstol fueron resaltados. ¿Cuáles detalles provocaron a la iglesia local florecer y crecer?

25

Modelos De Relación Iglesia Y Apóstol

El modelo del Nuevo Testamento es amor en abundancia. Aventuras de vida, creativas en el Espíritu delinean el modelo del Nuevo Testamento para la iglesia. Jesucristo mismo es nuestro modelo y meta. El modelo del Nuevo Testamento es la fuerza de vida eterna que se mueve a través de hombres, mujeres, jóvenes, viejos e iglesias enteras en esta era y tiempo presentes.

En un sentido amplio, todas las iglesias cristianas siguen un modelo del Nuevo Testamento. Para algunos grupos o movimientos el descubrir y ceñirse a un modelo del Nuevo Testamento es su principal preocupación. Yo fui enseñado en un movimiento libremente llamado "Iglesia Neotestamentaria". Nuestro principio rector fue y es seguir el orden divino tal como se revela en las páginas de la Escritura.

Muchos pasajes del Antiguo Testamento incluyen la frase "de acuerdo al modelo que le fue presentado a Moisés". Estos pasajes de orden divino concluyen con el verso de Hebreos 8:5 "Mira, haz todas las cosas conforme al modelo que se te ha mostrado en el monte".

Tanto el contexto como la gramática griega de este pasaje muestran que los modelos antiguos sirvieron sólo como sombras y copia de las cosas buenas que están por venir. En contraste el modelo antiguo, ahora se nos ha revelado un "más excelente ministerio" de Jesús "un mejor pacto, establecido sobre mejores promesas" (Hebreos 8:6). El nuevo triunfa sobre el antiguo, en todos los casos. "Al decir: Nuevo (kainos) pacto, ha dado por viejo al primero; y lo que se da por viejo y se envejece, está próximo a desaparecer" (Hebreos 8:13). La palabra griega kainos indica que es nuevo no sólo en tiempo (neos) sino nuevo y diferente en calidad.

El Nuevo Pacto da vigor a relaciones frescas y vivificantes. Los modelos del Nuevo Testamento no son fórmulas, prácticas dadas por Dios que, cuando son inspiradas por el Espíritu Santo, dan vida divina a los creyentes y a quienes están alrededor de ellos.

Los modelos que existen en las páginas del Nuevo Testamento son instructivos y saludables para los creyentes y para las iglesias de hoy. Estos modelos incluyen organización, procedimientos y prácticas de la iglesia. Algunos de estos conceptos vienen desde el Antiguo Testamento. Algunos son novedosos en el Nuevo Pacto.

En este estudio de cómo las iglesias se relacionan con los apóstoles, defino "modelo" como la práctica o enseñanza que se da al menos en tres ocasiones en el Nuevo Testamento. No se mencionan todos los modelos sino únicamente algunos de interés particular que se relacionan con la dinámica de operación de la iglesia y el apóstol.

Los ministros fueron enviados desde y regresaron a una iglesia local. Esta es una de las prácticas mejor documentadas en el Nuevo Pacto. La base, por supuesto, es Dios enviando a Jesús desde los cielos al mundo para salvar al mundo y el retorno de Jesús al Padre en los cielos. Al seguir la guía de su Padre, Jesús envió primero a doce y luego a setenta. En cada caso esos discípulos regresaron para darle su reporte. Posteriormente, Cristo resucitado comisionó a los discípulos con las palabras "Como me envió el Padre, así de también yo os envío (Juan 20:21).

La iglesia primitiva continuó con este modelo saludable. Los primeros líderes enviaron a Pedro y a Juan a Samaria con el propósito específico de llevarles la plenitud del Espíritu Santo a los recién bautizados creyentes. Después de cumplir su encomienda, ellos regresaron a los que los enviaron (Hechos 8:14-25). Bernabé y Saulo llevaron una ofrenda de la iglesia a Jerusalén (Hechos 11:30), entregaron el dinero y regresaron a Antioquía (Hechos 12:25).

Bernabé y Saulo fueron enviados de nuevo desde Antioquía y regresaron después de su viaje misionero (Hechos 13:1-14:28). Después de cada viaje misionero, Pablo retornó a su iglesia hogar. El modelo es inmensurablemente fortalecido al ver los resultados desastrosos de ministros independientes que salieron sin ser comisionados por la iglesia local (Hechos 15:24 y Gálatas 5:7-12).

Las iglesias del Nuevo Testamento tuvieron problemas. Esto puede sonar muy obvio, pero es un modelo que a menudo pasa desapercibido. Cada carta dirigida a una iglesia en el Nuevo Testamento menciona problemas e inspira la fe y el amor para vencerlos. Algunos han tomado a la iglesia del Nuevo Testamento en un extremo tan ideal que cuando su propia congregación enfrenta pruebas, se vuelven criticones, se retiran o simplemente dejan de ir. Al mencionar que los problemas son parte del modelo nos fuerza a enfocarnos en Dios, que usa los contratiempos para perfeccionarnos a la imagen de Cristo.

Las iglesias recibieron apóstoles que eran imperfectos. ¡Timoteo era tan manso que Pablo tuvo que pedir a la iglesia en Corinto a que lo tratara del tal manera que no se atemorizara (1 Corintios 16:10)! Pablo padecía una enfermedad en el cuerpo cuando viajó a Galacia (Gálatas 4:12-14). El Pedro de después del Pentecostés tuvo una gran mejora en su forma de ser, comparada con la anterior, pero siguió metiendo la pata de vez en cuando. En Antioquía él mostró su inclinación legalista y tuvo más temor del hombre que de Dios. ¡En el mismo pasaje pablo acusó a Pedro y a Bernabé de hipócritas!

Las iglesias recibieron el mínimo del ministerio apostólico, generalmente dos o tres visitas durante la vida del apóstol y, esas visitas, estuvieron espaciadas por años. Este es otro hecho sorprendente de la relación iglesia y apóstol. Pablo plantó las iglesias de Filipos, Tesalónica y Berea y él regresó una o dos veces después de seis años. Si alguna iglesia fue visitada un par de veces, la segunda no fue planeada. Pablo animó a la iglesia de Damasco pero nunca regresó, al menos en lo referente a lo que el Nuevo Testamento registra. Pablo pasó casi tres años plantando la iglesia en Éfeso y luego evitó al pasar más tarde (aunque invitó a los ancianos a reunirse con él unos cincuenta y cinco kilómetros al sur). Posiblemente él visitó Éfeso unos cinco años más tarde, después de salir de prisión (1 Timoteo 1:3). Pablo seguramente visitó en tres ocasiones, o quizá cuatro, a Antioquía de Pisidia, Iconio y Listra en diecinueve años de ministerio alrededor de los años 47-66 DC. Todas las visitas fueron en los primeros seis años de su ministerio. No nos atrevemos a decir que Pablo abandonó a estas iglesias aunque, los registros muestran que no hubo otro tiempo de encuentros cara a cara. El Dios de toda gracia demostró ser el Apóstol en jefe de la iglesia primitiva.

Las iglesias nacientes recibieron el ministerio de ministros en entrenamiento. Corinto recibió a Timoteo, Creta y Corinto recibieron a Tito. Tíquico y probablemente Marcos ministraron en Colosas (Colosenses 4:7, 10). El que ministerios jóvenes, y parcialmente entrenados, viajaran por toda la región del Mediterráneo bajo la dirección de Pablo, es una de las prácticas que más ocurren en la era del Nuevo Testamento.

Los apóstoles encomendaron a la gracia de Dios a las iglesias, dejándolas en manos del liderazgo local. ¡Cuán grande es Dios! Jesús dijo "Yo edificaré mi iglesia" (Mateo 16:18). Pablo hizo lo mismo en Éfeso, a pesar de estar bien apercibido de problemas no resueltos, con ancianos codiciosos, dentro del liderazgo de la iglesia (Hechos 20:29-32). Los apóstoles manifestaron tal confianza en Cristo, el edificador de la iglesia, que pudieron dejar a las iglesias de Listra, Iconio y Antioquía de Pisidia en manos de los recientemente establecidos ancianos (Hechos 14:23). Esta práctica es una de las facetas más sorprendentes del Nuevo Testamento. Corinto, probablemente debido a sus muchos problemas, recibió mayor atención.

Se debe prestar atención al hecho de que Pablo plantó iglesias, las dejó por mucho tiempo y, luego regresó para hallar congregaciones florecientes. Por ejemplo, pasaron aproximadamente seis años entre el momento en que inició la iglesia en Filipos a cuando él regresó. A su regreso halló una congregación próspera. ¿Cómo fue que esto sucedió? Yo sugiero tres posibles razones.

Primera, Pablo proclamó el evangelio con tal fuerza y claramente que "pegó". Muchos cristianos y ministerios cristianos de hoy ven vagamente lo que el evangelio en realidad es. En primera de Corintios 15:1 y los versículos que siguen Pablo anuncia el evangelio como algo "de la mayor importancia" y luego define al evangelio en términos sencillos: "...Cristo murió por nuestros pecados... y que resucitó al tercer día..." [énfasis añadido].

Estas verdades, verificadas por las Escrituras y otras evidencias, marcaron en forma indeleble a los nuevos convertidos. Ellos fueron sellados de por vida. El equipo apostólico predicó la muerte y resurrección de Cristo con poder y sin hacer concesiones. "Porque no me avergüenzo del evangelio, porque es poder de Dios para salvación a todo aquel que cree..." (Romanos 1:16). El Cristo resucitado impactó a Pablo el primer día de su vida cristiana; una serie de sufrimientos y experiencias cercanas a la muerte mantuvieron a la crucifixión tan real como una llaga abierta. "...llevando en el cuerpo siempre por todas partes la muerte de Jesús..." (2 Corintios 4:10). "Pues me propuse no saber entre vosotros cosa alguna sino a Jesucristo, y a éste crucificado" (1 Corintios 2:2). Pablo se comprometió a públicamente proclamar a Jesucristo como crucificado.

La muerte y la resurrección de Jesús formaron el carácter de Pablo, su predicación y teología. El evangelio le fue tan importante que se enfurecía cuando alguien lo deformaba. "Mas si aun nosotros, o un ángel del cielo, os anunciare otro evangelio diferente del que os hemos anunciado, sea anatema" (Gálatas 1:8). "¡Ojalá se mutilasen los que os perturban!" Gálatas 5:12). Pablo inflexiblemente defendió el evangelio: Fe en Cristo, y nada más, trae justificación.

El evangelio es el poder de Dios para salvación. Por años, yo no fui bueno para el evangelismo personal. Luego me di cuenta de que cuando simplifiqué el evangelio -Jesucristo murió por nuestros pecados; Jesucristo resucitó de los muertos- la gente comenzó a salvarse. El evangelio es el poder permanente de Dios.

Segunda, Pablo y su equipo enfatizaron la importancia de recibir el Espíritu Santo y el don de lenguas (Hechos 19:1-7). Todas las iglesias que Pablo plantó se llenaron de personas llenas del Espíritu Santo. El Espíritu vivía dentro de los nuevos convertidos. El hablar en lenguas mantuvo a los creyentes llenos del Espíritu. Además, de ser guiados, consolados y enseñados, los creyentes recibieron el poder dinámico del Espíritu que necesitaban para vivir y dar testimonio de su fe (Hechos 1:8).

Tercera, el gran énfasis que Pablo dio al inminente regreso de Cristo fortaleció a la gente para soportar las dificultades. El pensamiento de que Él regresaría por ellos durante su período de vida, fue una bendita esperanza (2 Tesalonicenses 1:6-10). Pocos estuvieron dispuestos a arriesgarse y volverse atrás y no hallarlo en Su venida.

Hubo variedad de ministerios apostólicos. Algunos apóstoles iniciaron iglesias. Derbe, Iconio, Listra, Filipos, Berea, Corinto y muchas otras fueron plantadas a través del ministerio de Pablo y de su equipo. Pero no todos los apóstoles iniciaron iglesias. Por ejemplo no hay registros de que Santiago, Pedro, o Apolos plantaran al menos una iglesia. Pablo y Bernabé fueron llamados a los gentiles, Pedro y Santiago se enfocaron en los judío-cristianos (Gálatas 2:9).

Los apóstoles escribieron a las iglesias en general y no sólo a los pastores. Primera de Corintios fue dirigida "a la iglesia de Dios que está en Corinto". Colosenses fue escrita "a los santos y fieles hermanos en Cristo que están en Colosas". Primera de Tesalonicenses fue dirigida "a la iglesia de los tesalonicenses en Dios Padre". Filipenses fue escrita "a todos los santos en Cristo Jesús que están en Filipos, con los obispos y diáconos". Por otro lado, Juan escribió específicamente a los pastores (ángeles o mensajeros) de las siete iglesias en Apocalipsis. Toda regla ¡tiene sus excepciones!

Las iglesias iniciaron por cristianos consagrados y no sólo por apóstoles. Felipe el evangelista inició la obra en Samaria (Hechos 8). Iglesias surgieron en Fenicia, Chipre y Antioquía -aparentemente cada una de ellas inició por hombres consagrados que huían de la persecución. Nadie sabe con certeza quien inició la iglesia en Roma. Posiblemente empezó con creyentes que hablaron en lenguas en el primer Pentecostés. A lo mejor Priscila y Aquila la fundaron. Pero es seguro que no fueron ni Pedro ni Pablo.

Las iglesias cooperaron con otras iglesias locales en proyectos trans-

locales. La ofrenda para los pobres en Judea es un primer ejemplo de las iglesias en cooperación trans-local. Aunque cada iglesia fue independiente en gobierno y liderazgo local, la iniciativa de Pablo y su visión las enfocó en un solo propósito: ayudar a los creyentes necesitados en Jerusalén. "En cuanto a la ofrenda para los santos, haced vosotros también de la manera que ordené en las iglesias de Galacia" (1 Corintios 16:1). Cada iglesia en Galacia, Macedonia y Acaya contribuyó al fondo.

Otro posible ejemplo es el Concilio en Jerusalén en el año 49 DC. "Los apóstoles y los ancianos y los hermanos, a los hermanos de entre los gentiles que están en Antioquía, en Siria y en Cilicia, salud" (Hechos 15:23). La identidad exacta de los ancianos que se mencionan aquí no es clara. ¿Eran todos de la iglesia de Jerusalén bajo la protección de Santiago? ¿O eran ellos representantes de un espectro más amplio? Como quiera que sea, se esperaba que la decisión del concilio fuera la norma para las iglesias en cualquier lugar.

Las epístolas de Pablo, Pedro, Juan, Judas y Santiago fueron dirigidas a más de una iglesia local. Algunas epístolas se suponían que serían intercambiadas con otras congregaciones locales. "Cuando esta carta haya sido leída entre vosotros, haced que también se lea en la iglesia de los laodicenses, y que la de Laodicea la leáis también vosotros" (Colosenses 4:16). La epístola de Pedro se dirigió para aquellos "expatriados de la dispersión en el Ponto, Galacia, Capadocia, Asia y Bitinia" (1 Pedro 1:1). Santiago dirigió su epístola "a las doce tribus que están en la dispersión" (Santiago 1:1). Juan escribió el libro del Apocalipsis al menos a siete pastores locales en el área de Asia menor (Ap. 2 y 3).

Otra posible ilustración de reuniones trans-locales es la despedida de Pablo en Mileto. Los ancianos de una extensa zona de Asia menor, no sólo de la ciudad de Éfeso, probablemente se reunieron con Pablo en respuesta a su llamado repentino. En esto me baso en la idea común en que la epístola a los efesios fue una epístola circular para varias iglesias en los distritos vecinos.

La verdad se manifiesta tanto en la práctica como en la doctrina. Los modelos del Nuevo Testamento nos dan fortaleza y libertad a las iglesias locales y a sus miembros. A pesar de lo significativo que los patrones de Dios son, sin las relaciones pueden llegar a ser rígidos y agotantes.

26

Características De Relaciones Iglesia Y Apóstol Que Proveen Vida

En el Nuevo Testamento las relaciones son vitales. Sin una relación positiva no hay impartición del apóstol ni recepción en la iglesia. Las interacciones fueron en su mayoría sanas y vivificantes. Sin embargo, las interconexiones entre iglesias y apóstoles en el Nuevo Testamento fueron en ocasiones desordenadas, conflictivas y tirantes hasta el punto de ruptura. Corinto viene a la mente.

¿Cuáles fueron algunas características sobresalientes de una relación efectiva entre la iglesia y el apóstol en el tiempo de la iglesia primitiva?

Las iglesias generalmente amaron y respetaron a sus padres fundadores y viceversa, los apóstoles genuinamente amaron y respetaron a los líderes y gente de las iglesias locales. Esto fue verdadero en varias formas en las iglesias. Filipos posiblemente fue quien más dio y evocó el mayor amor por Pablo. Corinto forcejeó poderosamente con su padre espiritual. Pero tanto la iglesia como el mentor se mantuvieron firmes y al parecer al final se ganaron el corazón el uno del otro. En cuanto a Galacia, las iglesias de la región recibieron un fuerte azote verbal de Pablo, sin embargo posteriormente lo recibieron y fueron fortalecidas por él en sus viajes. Sin amor mutuo y respeto, nada de esto pudo haber sucedido.

Los apóstoles les dieron a las iglesias y a sus miembros la libertad para crecer y cometer errores. ¿De qué otra manera podríamos entender la actitud de Pablo en Hechos 20:28-32? Él supo que severos problemas vendrían -incluso lobos feroces, de entre ellos mismos, crearían divisiones- como quiera decidió no dejar un sucesor apostólico. En lugar de eso,

108

encomendó la iglesia a Dios y ¡los dejó a que se arreglaran con la ayuda de la gracia de Dios! Finalmente, seis años más tarde, envió a Timoteo a esa región para ayudar a la iglesia.

Las iglesias recibieron instrucción, información, advertencias, exhortaciones y alabanzas, pero cada congregación tuvo que resolver sus propios problemas. Ninguno de los apóstoles mencionados en el Nuevo Testamento fue consentidor. Repetidamente encontramos que la actitud apostólica fue "Crezcan en Cristo por el poder del Espíritu" y "¡Cristo en vosotros, la esperanza de gloria!"

El modelo padre-hijo ilustra mejor la conexión entre los apóstoles y las iglesias. Este concepto era fácilmente comprendido por la mayoría y permitió cambios e incremento en libertad a medida que las iglesias maduraban. Eso explica el porqué fue capaz de dejar solas a las iglesias en la medida que ellas desarrollaban una dependencia de Cristo. La relación padre-hijo fue el modelo más mencionado para la relación apóstol-iglesia. Tanto Pablo como Juan lo usaron ampliamente en sus escritos. Parece que fluía naturalmente de su estilo de ministerio.

En este aspecto, hay dos tipos de relaciones que nunca se usaron como modelos de la relación apóstol-iglesia: marido-mujer y amo-esclavo. A la iglesia se le menciona como la novia de Cristo -nunca como la esposa del apóstol. Similarmente, a los creyentes y a la iglesia como un todo fueron mencionados como redimidos, adquiridos, comprados por precio y que ya no se pertenecen a sí mismos (1 Corintios 6:19-29). La iglesia nunca fue mencionada como propiedad de algún apóstol. Esos modelos de relaciones habrían sesgado severamente la estructura de la autoridad de los apóstoles y las iglesias. En el primer siglo DC las esposas y los esclavos eran considerados propiedad de los maridos o de los amos. Por otro lado, la vivificante y dinámica relación padre-hijo permitió el crecimiento, cambios y, eventualmente el traspaso de propiedad, cosas que raramente se ven en la relación con la esposa o el esclavo.

El concepto de interdependencia fue otra forma de enfocar la idea de libertad que da vida y crecimiento, tanto para los individuos como para las iglesias. Pablo escribió a la iglesia de los Romanos "Porque deseo veros, para comunicaros algún don espiritual, a fin de que seáis confirmados; esto es, para ser mutuamente confortados por la fe que nos es común a vosotros y a mí" (Romanos 1:11-12).

En ninguna parte del Nuevo Testamento los apóstoles animaron a las iglesias o a sus líderes a que fueran dependientes o con una confianza excesiva en ellos. Ellos promovieron el amor, la honra y el respeto - nunca la dependencia. Tampoco los apóstoles animaron el pecaminoso "espíritu independiente". Se esperaba que los líderes de las iglesias y sus miembros establecieran vínculos con Cristo mismo, para que así se pudieran identificarse como "en Cristo". Al mismo tiempo se les advirtió en contra el orgullo y el aislamiento. En Corinto, aquellos que ostentaban su libertad y arrogantemente proclamaban "yo soy de Cristo" fueron censurados junto con aquellos que manifestaron un espíritu de división (1 Corintios 1:12). El deseo de los apóstoles fue la interdependencia y no promovieron la dependencia, ni la arrogante independencia.

Se requirió la responsabilidad local. Varios casos muestran que Pablo visitó a las iglesias un máximo de tres o cuatro ocasiones en su toda su vida. Se esperaba que los ancianos locales llevaran a cabo su trabajo con y sin la presencia del apóstol. No hay ejemplo más claro que el que hallamos en Hechos 20. Durante su despedida, Pablo dio a los líderes locales plena autoridad sobre la iglesia. La estrategia del apóstol fuertemente descansó en Cristo, quien dijo "yo edificaré mi iglesia" (Mateo 16:18).

Humildad fue la norma de vida. "Haya, pues, en vosotros este sentir que hubo también en Cristo Jesús, el cual, siendo en forma de Dios, no estimó el ser igual a Dios como cosa a que aferrarse, sino que se despojó a sí mismo, tomando forma de siervo" (Filipenses 2:5-7). Sin humildad los creyentes poco podrían recibir de un apóstol ungido por Dios.

Los apóstoles mostraron humildad al auto limitar su autoridad. "No que nos enseñoreemos de vuestra fe, sino que colaboramos para vuestro gozo." (2 Corintios 1:24). "Por esto os escribo... para no usar de severidad... conforme a la autoridad que el Señor me ha dado para edificación, y no para destrucción" (2 Corintios 13:10).

Las relaciones fueron vitales. Una relación positiva entre la iglesia y el apóstol fue una de las claves más cruciales para el buen éxito en las nacientes iglesias del Nuevo Testamento.

Epílogo

Carta personal a nuestro apóstol fundador en tiempo de transición

La introducción de este libro detalla algunas de las dificultades que pasaron la Iglesia de Agua Viva, y yo personalmente, al experimentar algunos problemas de crecimiento en la relación padre-hijo, con nuestro apóstol fundador. Aquí en el epílogo, voy a compartir la carta que envié a nuestro apóstol como un intento para dejar en claro nuestra relación.
Nota: todos los nombres, excepto el mío han sido cambiados.

Noviembre 1, 1989.

Estimado David,

Saludos en Cristo Jesús, nuestro Señor y Salvador.

Tú ciertamente has sido un padre espiritual para mí en los años pasados. Me he regocijado al escuchar y al enseñar tu visión de la iglesia del Nuevo Testamento; el que me hayas presentado a Gordon, quien me entrenó en forma excelente; y a tener una visión de la iglesia del NT desde dentro de mi alma. Estoy muy agradecido contigo por todas estas cosas.

Me hiciste sentir que soy alguien especial y, de hecho, tomaste un cuidado personal de mí y de mi crecimiento espiritual.

Tu visión se enraizó en mí y me ha conducido durante muchos años de ministerio. De mi parte, fielmente he enseñado y vivido tu visión. Te he promovido, tanto a ti como a tu visión, aquí y en otros lugares. De hecho, he sufrido por causa de tu visión de la iglesia del NT.

A través de los años tú has cumplido con el papel de "padre espiritual" para mí. Claro que también he tenido otros "padres en la fe". Te estoy agradecido por tu amor, visión, y por todo el tiempo y oraciones que has invertido en mí. Aún hoy te amo en mi corazón y quiero que así sea siempre.

En lo natural, cuando un hombre se casa, deja el hogar para iniciar su propia familia y toma su responsabilidad. Es sano para él que tome sus propias decisiones y que se levante o se caiga por las decisiones que tome. De la misma manera sucede en lo espiritual.

En la conferencia de pastores en México me dijiste de una revelación que Dios te dio (o a tu papá) de que cada iglesia hija debe escoger su relación con la iglesia madre. ¿Te acuerdas de esta revelación?

Nosotros en la Iglesia de Agua Viva estamos apercibidos de la realidad presente: ha iniciado una nueva relación contigo. Yo soy como un hijo que ahora tiene su propia familia. Yo quiero que mis hijos te amen y te honren. Pero ningún padre desea que su propio padre venga a su casa a alborotar las cosas.

Se requiere gracia para hacer los cambios que requiere cada época de la vida. Gracia tanto para ti como para mí. Pero quedarse cortos en los cambios no es conveniente ni sano. En lo natural no es adecuado que un padre vaya a la casa de su hijo a dar órdenes. Consejo sí, pero órdenes no. Así sucede en lo espiritual.

Nosotros creemos que este es un buen tiempo para que encomiendes a la iglesia de Agua Viva a Dios y a la palabra de Su gracia quien es capaz de edificar. ¿Lo vas a hacer? Una diferencia (entre otras) es que en Hechos 20.32 ellos no verían a Pablo de nuevo. Nosotros esperamos ver tu rostro y recibir la bendición de la gracia que Dios te ha dado para nosotros.

En la medida que halles gracia para entregarnos a Dios, yo creo, tú tendrás mayor honor entre nosotros. ¿Nos encomendarás a Dios?

No es que hayamos escogido a otro apóstol que te sustituya. Sino que vemos en la Escritura que a medida que las iglesias maduran, el ministerio local toma más responsabilidades. Filipos es un ejemplo. Durante veinte años de relación con ellos, Pablo fue allá tres veces. Y nos hay ningún registro de que algún otro apóstol haya establecido otros ancianos además de los originales.

David, te lo digo en amor, que algunos han dejado a la iglesia por causa de "demasiado David-ismo" en la iglesia. Cuando se me preguntó, hace unos días, por qué quería continuar dándote soporte (financiero), respondí: "por amor y por causa de la obra en el Cuerpo de Cristo". Y es mi deseo continuar apoyándote financieramente. (Se han hecho algunos ajustes en cuanto a lo que tú y yo podemos recibir. Tú vas a recibir 50 dólares mensuales, en la medida que tengamos los fondos suficientes. Esto es de acuerdo a lo que podemos contribuir y no respecto a tu apostolado).

Acabamos de ser anfitriones de un seminario sobre Creación y Ciencia que se organizó en la ciudad; participaron diez iglesias locales.

Aunque ahora somos menos, estamos más contentos que antes. ¡Gracias a Dios!

Mi esposa espera otro bebé para enero. ¡Somos bendecidos!

Espero que estés bien y con lo que escribes, quiera Dios bendecirte ricamente a nuestra nueva relación. Que la gracia de Dios te rodee y esté sobre ti.

Sinceramente, Mark.

Palabras Finales

Apóstoles, junto con los otros oficios del ministerio quíntuple de profetas, evangelistas pastores y maestros son los dones de Dios para Su iglesia. La visión de la Iglesia, como se revela en el Nuevo Testamento, es el modelo de Dios para proceder y operar en las iglesias de todos los tiempos. La visión bíblica de la iglesia operada por líderes y miembros ha sido diseñada para traer vida generada en el Espíritu para la Iglesia.

El apóstol que fue mi mentor me trajo vida en dos formas aparentemente contradictorias. Primero me inspiró, enseñó, aconsejó y creyó en mí. En segundo lugar, el dejó que me hundiera o flotara por mí mismo. Al cortar el ombligo, como se describió en "Carta Personal a Nuestro Apóstol Fundador en Tiempo de Transición" fue un cambio difícil pero necesario que resultó en mi libertad y crecimiento. El resultado impactó a un creciente círculo de ministerios e iglesias.

Loa apóstoles -de antes y de hoy- son generalmente líderes extremadamente capaces, con muchos talentos, influyentes y merecen gran honor. Una manera en la que Cristo mantiene celosamente su soberanía es al reducir o quitar la influencia del apóstol en el tiempo preciso. Como sucedió en nuestra iglesia.

Cualquier cosa que se interponga en el camino de Dios sea dinero, éxito, relaciones, lo que sea- será quitado. Los dones buenos y dados por Dios pueden llegar a ser formas sutiles de idolatría. En cuanto a mí, yo tuve a los apóstoles en alta estima -demasiado alta. Al ver en el espejo retrovisor de la vida, reconozco que fue Dios quien preparó las circunstancias para quitarme una sutil forma de idolatría. Lo que me quitaron generó un hueco que me movió a buscar con fervor las Escrituras. El vacío y la búsqueda dieron por resultado una vida fresca y una aventura con "Jesús el Apóstol" en mí y en aquellos con los que ministro. Finalmente, recibimos una revelación fresca de Jesús, el autor y consumador de la fe, y una renovada confianza en Aquel que prometió "Yo edificaré Mi Iglesia".

Conclusión

Este libro intenta revelar experiencias reales de las iglesias locales con los apóstoles en el Nuevo Testamento. La mayoría de las congregaciones tuvieron muy poca relación cara a cara con los apóstoles. De ninguna manera esto menoscaba el papel de los apóstoles. Los apóstoles son esenciales en el plan de Dios. Históricamente la iglesia se ha edificado "sobre el fundamento de los apóstoles y profetas, siendo la principal piedra del ángulo Jesucristo mismo" (Efesios 2:20). Las congregaciones de hoy requieren el mismo fundamento Los apóstoles son "...para la obra del ministerio, para la edificación del cuerpo de Cristo, hasta que todos lleguemos a la unidad de la fe..." (Efesios 4:12-13).

Reitero lo que ya dije en la introducción. Las herramientas del siglo veintiuno, viajes y tecnología están a la mano y deben usarse bien para la expansión del Reino. No estoy sugiriendo ni intentando regresar a la forma de vida del primer siglo. Al mismo tiempo, todos aquellos ministros y congregaciones que deseen seguir el modelo del Nuevo Testamento para la iglesia esta información quizá resulte de utilidad.

Las conclusiones hechas en "Apóstoles Globales, Iglesias Locales: Cómo se Relacionaron los Apóstoles en la Era del Nuevo Testamento y Porqué es Importante Ahora" son mías. Mis observaciones están abiertas a comentarios y críticas. Por favor escríbanme al contacto que aparece en ChurchesandApostles.com.

Yo no soy apóstol, más bien Dios me ha dado la gracia de pastor y ahora, en los últimos años, una unción profética me ha rodeado. Al ministrar en iglesias grandes y en conferencias de pastores tanto en los Estados Unidos como en otros lugares, mi corazón está con congregaciones pequeñas y en lugares apartados Si después de orar sientes que puedo ser de beneficio a tu iglesia o conferencia, contáctame a través del formato disponible en ChurchesandApostles.com.

Apéndice

Gálatas: ¿A Quiénes Se Envió Esta Epístola?

Charles Ryrie, en su introducción a la carta de Pablo a los Gálatas formula lo siguiente: la "región de Galacia", ¿se refiere a un grupo de iglesias, no referidas por nombre, que estaban al norte o al sur de Galacia?, pero no da respuesta. Sus argumentos completos a favor de ambas posiciones las reproducimos aquí:

> En la época cuando de escribió esta carta el término "Galacia" se usaba tanto en el sentido geográfico como político. El primero, se refería a la región centro norte de Asia Menor, al norte de las ciudades de Pisidia, Antioquía, Iconio, Listra y Derbe; el segundo se refería a la provincia romana (constituida en el año 25 AC) que incluía los distritos del sur de las ciudades mencionadas. Si la carta fue enviada a los cristianos al norte de Galacia, las iglesias fueron fundadas en el segundo viaje misionero y la epístola fue escrita en el tercer viaje misionero, al principio desde Éfeso (alrededor del año 53 DC) o al final, cerca del 55 DC, desde Macedonia. A favor de esta última está el hecho que Lucas parece usar el término "Galacia" para describir el Norte de Galacia (Hechos 16:6, 18:23).

> Si la epístola fue escrita a los cristianos en el sur de Galacia, entonces las iglesias fueron fundadas en el primer viaje misionero y la carta fue escrita al final del viaje (probablemente desde Antioquía, alrededor del año 49 DC, siendo así la primera de las epístolas de Pablo) y el concilio de Jerusalén (Hechos 15) se reunió poco tiempo después. En favor de esta fecha está el hecho que Pablo no menciona la decisión que se hizo en el concilio de Jerusalén, que incidía directamente sobre

su argumento a los Gálatas respecto a los judaizantes, indicando que el concilio no se había realizado.[13]

Aunque no podemos responder con certeza, una mirada ala mapa de Asia Menor (ver la sección de mapas) podría indicar la probabilidad de que Pablo volviera a visitar Listra, Iconio y a las otras iglesias en la parte de ida del tercer viaje misionero. Aunque hay dudas principalmente por la forma en que Lucas usa el término "Galacia" en Hechos 16:16 (¿cómo podrían pasar por Listra e Iconio, etc. en su viaje hacia el oeste, de acuerdo a Hechos 16:1, 4, si ya habían pasado antes?), no obstante, podemos suponer que "Galacia" se refiere a Listra, etc. en Hechos 18:23. Si esto es así, entonces Pablo volvió a visitar a estas cuatro iglesias alrededor del año 53 DC "fortaleciendo" a los discípulos (Hechos 18:23). Esta podría entonces ser su cuarta y última visita a las iglesias que él fundo en su primer viaje, cinco o seis años antes. La mayoría de los estudiosos modernos, incluyendo al que escribe, concluyen que Pablo escribió su carta a los Gálatas a las cuatro iglesias al sur de Galacia.

---

[13] Charles Ryrie, "Introduction To The Letter Of Paul To Galatians" (Introducción a la Epístola de Pablo a los Gálatas). The Ryrie Study Bible (Biblia de estudio Ryrie), (Chicago, Moody Press, 1977, 1978), 1769

Cronología

Múltiples fuentes contribuyeron a esta cronología. Es apropiado declarar que los estudiosos difieren ligeramente en las fechas y la sucesión de los eventos.

29/30	Pentecostés – La iglesia inicia en Jerusalén.
33	Conversión de Pablo cerca de Damasco.
33-46	Pablo en Damasco, Arabia, Cilicia y Siria.
45-50	Santiago escribe su epístola que lleva su nombre.
47-48	Primer viaje misionero de Pablo.
47-48	Pablo y Bernabé viajan a Chipre y a Galacia.
48	Pablo escribe su epístola a los gálatas.
49	El concilio de Jerusalén.
49-52	Segundo viaje misionero de Pablo.
49-50	Pablo y Silas viajan desde Antioquía a través de Galacia a Macedonia y a Acaya
50	Pablo escribe 1 y 2 Tesalonicenses.
50-52	Primera ministración de Pablo en Corinto.
52-57	Tercer viaje misionero de Pablo.
52-56	Pablo ministra en Éfeso y alrededores.
55/56	Segunda y "penosa" visita de Pablo a Corinto.
55-56	Correspondencia de Pablo a los corintios.
56-57	Pablo en Macedonia e Ilírico.
57	Tercera y última visita de Pablo a los corintios.
57	Epístola de Pablo a los romanos, desde Corinto.
57	Pablo regresa a Jerusalén antes de Pentecostés.
57-61/62	Encarcelamiento de Pablo
57	Pablo arrestado en Jerusalén.
57-59	Pablo prisionero en Cesarea.
60 ss.	Marcos, Mateo y Lucas escriben los evangelios.
60-62	Pablo bajo arresto domiciliario en Roma.
61	Lucas escribe Hechos

60-62	Pablo escribe las epístolas desde la prisión.
62	Pablo libre y su ministerio post-prisión.
62	¿Viaje de Pablo a España? Y a otras áreas del Mediterráneo.
62-65	Epístolas pastorales de Pablo.
63	Primera epístola de Pedro.
65/67	Muerte de Pablo.
66	Segunda epístola de Pedro.
70-80	Epístola de Judas.
90 ss.	Juan escribe su evangelio, sus epístolas y el Apocalipsis.

Mapas

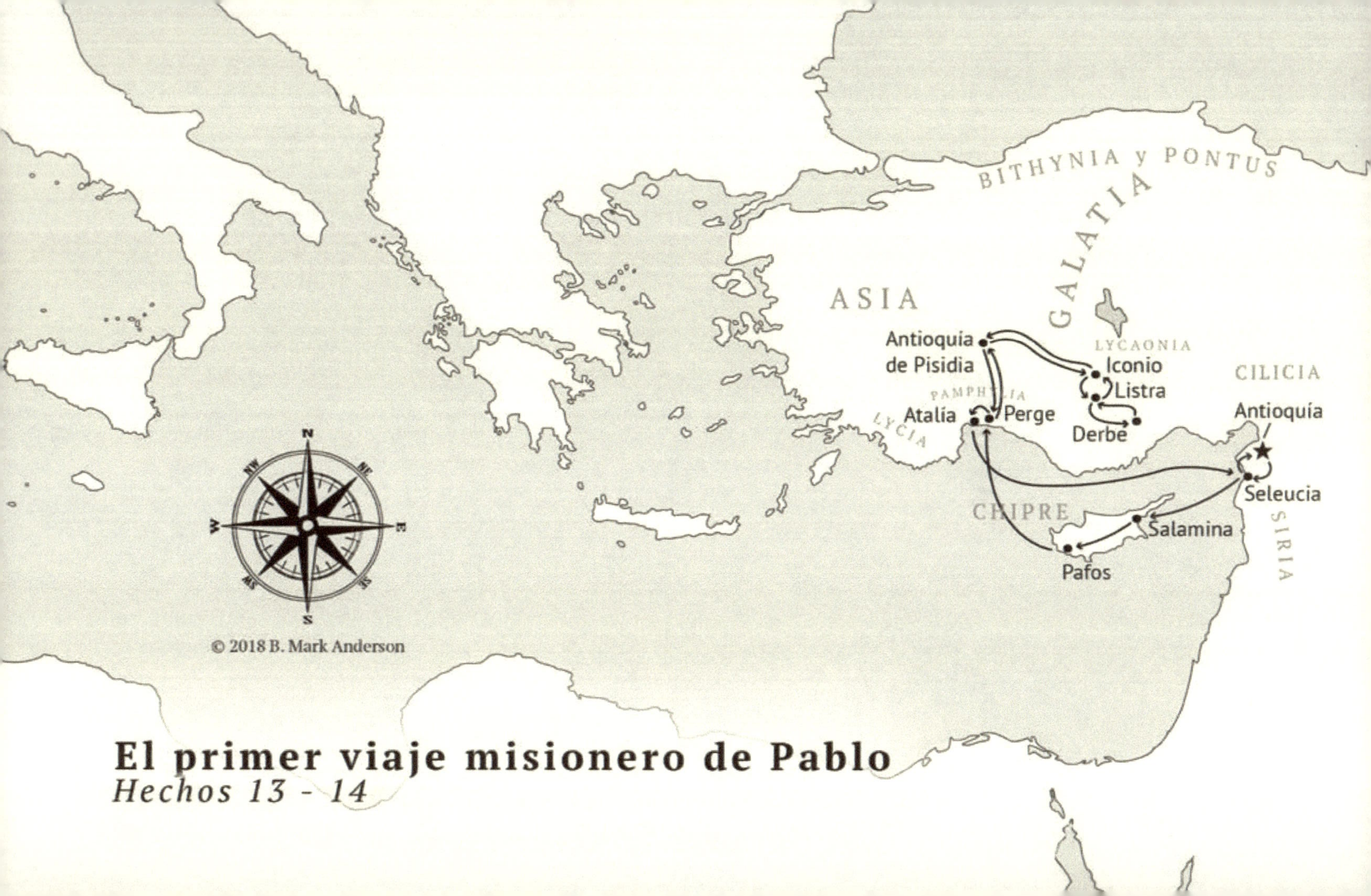

El primer viaje misionero de Pablo
Hechos 13 - 14

El segundo viaje misionero de Pablo
Hechos 15:36 - 18:22

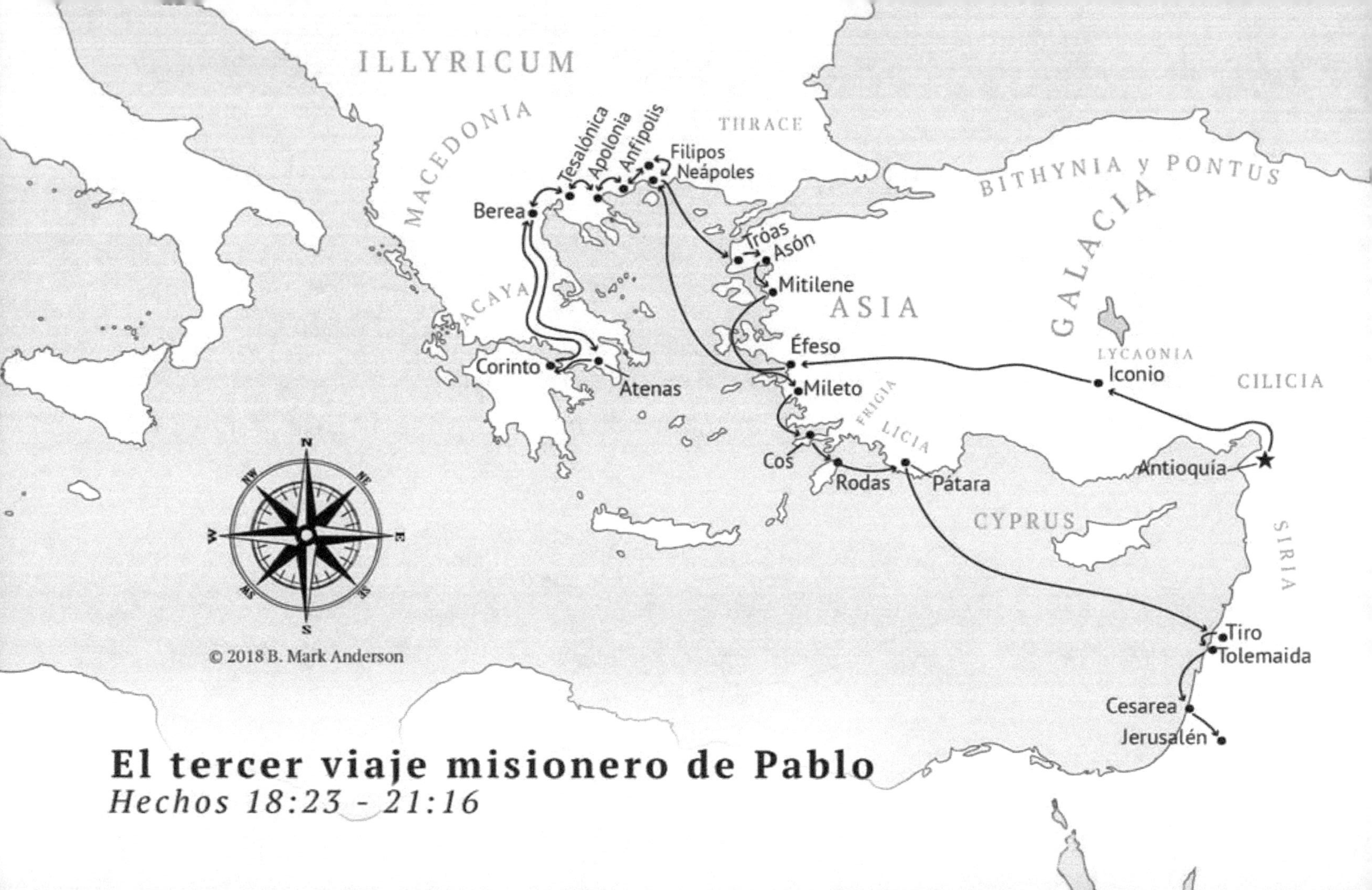

El tercer viaje misionero de Pablo
Hechos 18:23 – 21:16

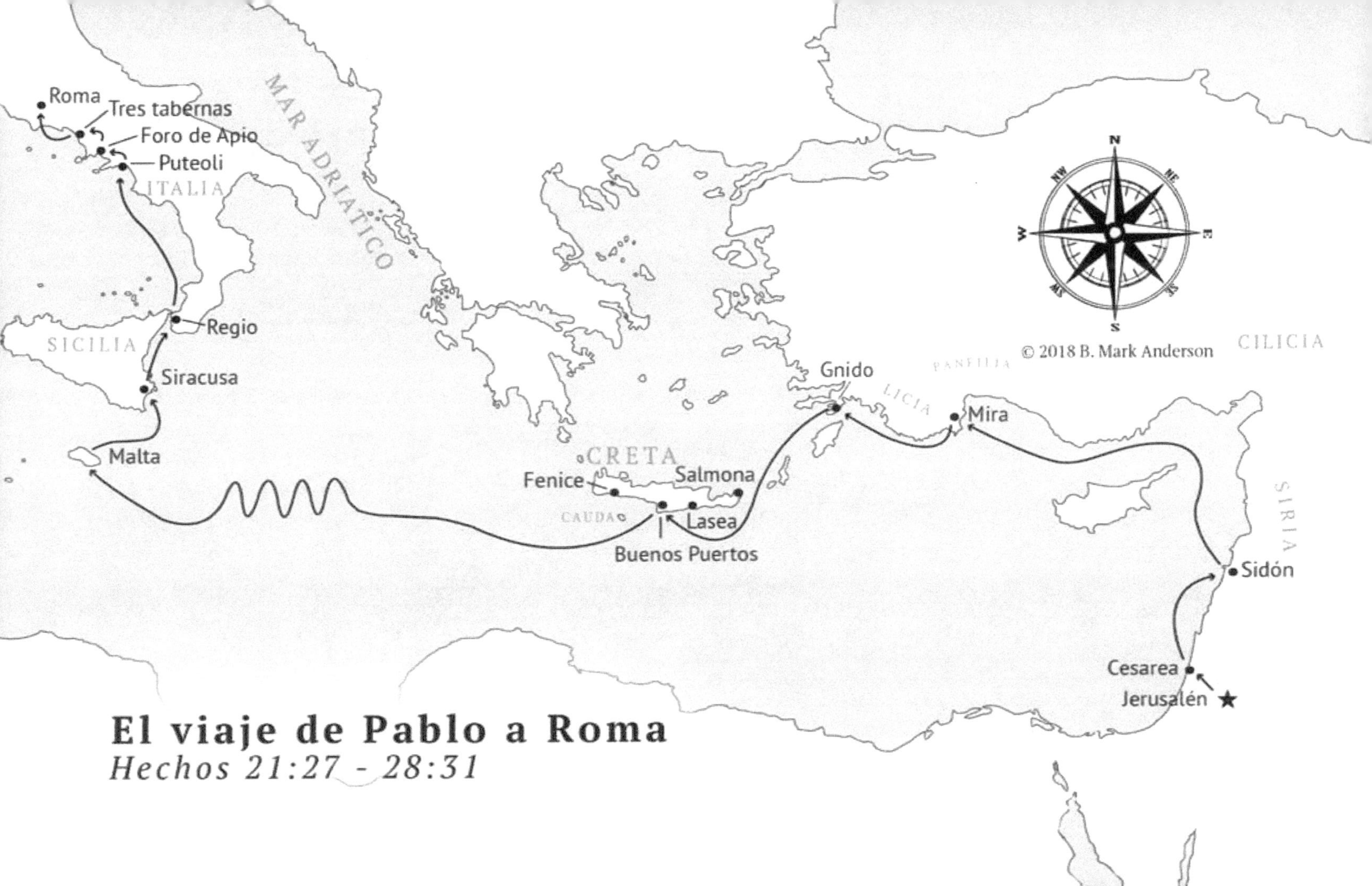

El viaje de Pablo a Roma
Hechos 21:27 - 28:31

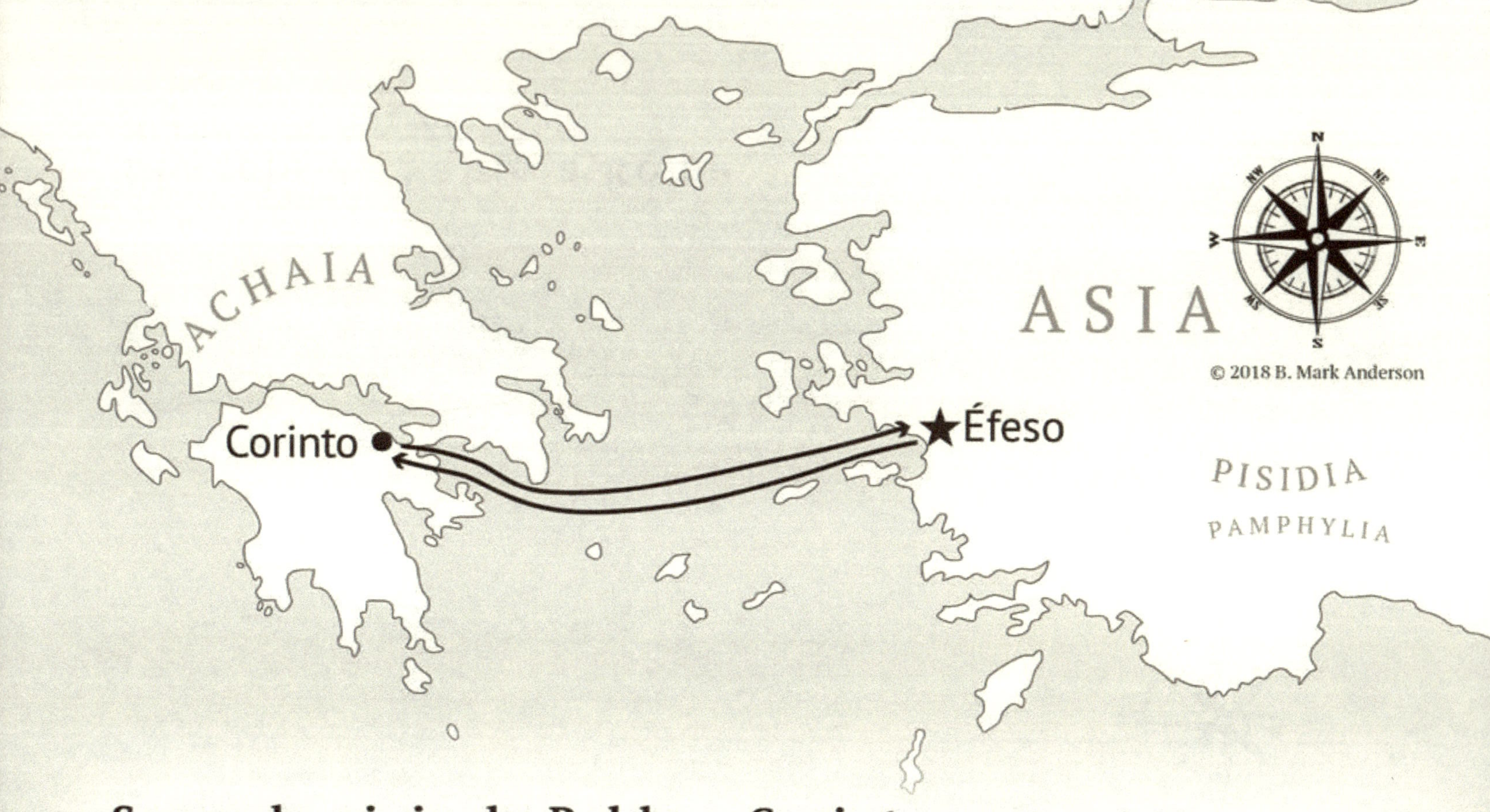

Segundo viaje de Pablo a Corinto — *Una visita apresurada y dolorosa*   *2 Cor 2:1, 12:14, y 13:1-2*

Bibliografía

Ahanori, Yohanan y Michael Avi-Yonah. Macmillan Bible Atlas (Atlas Bíblico Macmillan). Edición revisada. Nueva York: Carta LTd. MacMillan, 1977.

Alexander, David y Pat Alexander. Eedermans' Handbook to the Bible (Manual Bíblico Eerdmans). Grand Rapids, 1973.

Boone, R. Jeronome. The New Chronological Bible, King James Version (La Nueva Biblia Cronológica, versión King James). Nashville: E. E. Gaddy, 1980.

Brown, Raymond E. The Churches the Apostles Left Behind (Las Iglesias Que Los Apóstoles Abandonaron). Nueva York: Prensa Paulina, 1984.

Bruce, F. F. Paul, Apostle of the Heart Set Free (Pablo, El Apóstol De Corazón En Libertad). Grand Rapids: Eerdmans, 1977.

Bruce, F. F. The Book of the Acts (El Libro De Los Hechos). Grand Rapids: Eerdmans, 1988.

Bruce, F. F. The Spreading Flame (La Flama Que Se Esparce). Grand Rapids: Eerdmans, 1958.

Cwiekowski, Frederick J. The Beginnings of the Church (Los Inicios De La Iglesia). Nueva York: Prensa Paulina, 1988.

Curtis, A. Kenneth, J. Steven Lang y Randy Petersen. The 100 Most Important Events in Christian Hystory (Los 100 Eventos Más Importantes En La Historia De La Iglesia Cristiana).

Douglas, J. D. y N. Hillyer. The Ilustrated Bible Dictionary (El Diccionario Bíblico Ilustrado). Vol. 1-3 Leicester: Inter-Varsity, 1980.

Eusebius. The History of the Church from Christ to Constantine (La Historia De La Iglesia Desde Cristo Hasta Constantino). Traducido por G. A. Williamson. Baltimore: Penguin Books, 1965.

Everyday Life in Bible Times (La Vida Diaria En Tiempos Bíblicos). Washington: National Geographic Soceity, 1967.

Ewing, Glenn. God's Divine Order for His New Testament Church in Faith and Practice (El Orden Divino De Dios Para Su Iglesia Neotestamentaria En Fe Y En Práctica). Waco: Maranatha Press, reprinted 1978.

Freeman, Charles. A New History of Early Christianity (Una Nueva Historia De La Iglesia Primitiva). New Heaven: Yale University Press, 2009.

Hirsch, Alan y Tim Catchim. The Permanent Revolution (La Revolución Permanente). San Francisco: Josey Bass, 2012.

Kelly, Mathew. Rediscovering Catholicism (Redescubriendo El Catolicismo). 2a ed. Cincinnati: Beacon Publishing, 2010.

Kenyon, Frederic G. The Story of the Bible (La Historia De La Biblia). Vol. 4. Nueva York:Wm H. Wise, 1947.

Marshall, Alfred. The Interlinear Greek-English New Testament (El Nuevo Testamento Interlineal Griego-Inglés). Segunda ed. Londres: Samul Bagster e hijos limitada, 1964.

NIV Archeological Study Bible: an Illustrated Walk through Biblical History and Culture (Biblia De Estudio Arqueológico NVI: Un Paseo Ilustrado A Través De La Historia Y Cultura Bíblicas). Grand Rapids: Zondervan, 2005.

Lenski, R. C. H. Interpretation of St. Paul's Epistle to the Romans (Interpretación De La Epístola De San Pablo A Los Romanos). Minneapolis: Augsburg Publishing House, 1961.

Nicoll, W. Robertson, ed. Expositor's Greek Testament (Exposición Del Testamento Griego). Vol. 2. Grand rapids: Eerdmans, 1980.

Ryrie, Charles Caldwell. Ryrie Study Bible: New American Standard Bible (Biblia De Estudio Ryrie). Chicago: Moody Bible Institute, 1978.

Stirling, John. An Atlas Illustrating the Acts of the Apostles in Today's Church (Un Atlas Ilustrando Los Hechos De Los Apóstoles En La Iglesia De Hoy). Colorado Springs: Warner Publications, 2002.

Wagner, C. Peter. Changing Church (La Iglesia Cambiante) Ventura, CA: Regal Books, 2004.

"Year 61 Callendar - Itally" (Año 61 Calendario - Italia). timeanddate.com. Visto en septiembre 16 de 2011.
http://www.timeanddate.com/calendar/print?year=61&country=13&cols=3
&df=1

www.ingramcontent.com/pod-product-compliance
Lightning Source LLC
Chambersburg PA
CBHW051102250726
48656CB00001B/427